KB116374

영어책
한 권
외워봤니?

영어책
한 권
외워봤니?

김민식 지음

위즈덤하우스

영어를 잘하면
인생이 잘 풀릴까?

2015년 남미 파타고니아 트레킹을 하면서 하루 20킬로미터씩 걸었습니다. 녹초가 되어 게스트하우스에 돌아오면 침대에 널브러져 스마트폰에 넣어 간 미드나 시트콤을 시청했습니다. 그때 시트콤 〈루이〉를 즐겨 봤는데, 기억에 남는 에피소드가 하나 있어요.

극 중 루이는 삼류 스탠드업 코미디언으로 카지노에서 코미디 쇼를 합니다. 카지노 손님을 위해 도박장 한쪽에 마련된 무료 공연인지라 관객의 집중도는 떨어집니다. 도박으로 돈을 잃은 이들을 잠시 웃겨주어 기분 전환을 시킴으로써 다시 도박판으로 돌려보내려는 카지노의 계산속이겠지요. 쇼에 대한 호응은 확실히 유료 관객이 좋습니다. 본전을 건지려면 공연에 몰입해야 하거든요. 멍하니 딴생각을 할 거라면 굳이 비싼 돈을 내고 입장할 필요가 없습니다. 반면 공짜 손님은 반응이 별로 없어요. 재미없으면 언제든지 일어나 미련 없이 나갑니다. 다시 룰렛이나 한판 해야지 하고.

루이가 열심히 개그를 하는 도중에 어떤 손님이 일어나 나갑니다.

"지금 제 쇼 안 보고 도박하러 가시는 거예요? 가면 또 잃을 텐데. 여기 호텔 주인이 도널드 트럼프잖아요. 트럼프랑 여러분 중 누가 더 부자예요? 왜 힘들게 일해서 번 돈을 카지노에 바치나요? 트럼프는 여러분이 도와주지 않아도 이미 백만장자인데 말이죠."

결국 루이는 호텔 매니저에게 불려갑니다.

"어이, 어이. 즐기러 온 사람들에게 그런 조크를 하면 어떡해?"

"사람들이 제 쇼에 집중을 안 하잖아요."

"그 사람들이 여기에 자네 쇼 보러 왔어? 게임 즐기러 온 거잖아. 그런 사람들의 흥을 꼭 깨야 해?"

루이는 순간, 자존심이 팍 상합니다.

"아, 됐어요. 제가 그만둘게요. 그럼 되잖아요."

홧김에 일을 때려치우고 나오는 루이. 나오다 대극장에서 어떤 노장 여성 코미디언의 쇼를 보게 됩니다. 할머니 코미디언이 나이 60에도 무대에서 펄펄 나는 모습을 보고 감동한 그는 대기실로 찾아갑니다. "선배님, 존경합니다." 이런저런 이야기를 나누다가 자신은 오늘 일을 때려치웠다고 말해요.

노장 코미디언 조앤 리버스와 루이의 대화가 다음과 같이 이어집니다.

> 조앤   그만뒀다고?
>
> 루이   네.
>
> 조앤   왜?
>
> 루이   상황이 하도 거지 같으니까요.
>
> 조앤   그래도 그만두진 말아야지. 잘리는 거야 할 수 없지만, 스스로 때려치우진 말아야지. 무조건 버텨야지, 아무리 힘들어도.
>
> 루이   버티면 언젠가 상황이 좋아질까요?

조앤 리버스가 루이를 잠시 바라보더니 이렇게 말합니다.

"I wish I could tell you it gets better. But, it doesn't get better. You get better."

"상황이 좋아질 거라고 말해주고 싶은데, 그렇지는 않을 거야. 대신 네가 더 나은 사람이 될 거야."

시트콤을 보다가 순간 멍해졌습니다. '상황은 더 좋아지지 않는다. 그러나 포기하지 않고 버틴다면, 너는 더 나은 인간이 될 것이다.'

"나 이제 때려치울 거야!" 하고 물러나면 나의 한계가 거기까지라고 인정하는 것입니다. 그러나 버티는 자에게는 한계가 없습니다. 아무리 힘들어도 더 나은 인간이 되는 그날까지 버텨야겠어요. 팝가수 켈리 클락슨도 노래하잖아요. 'What doesn't kill you makes you stronger.'

영어 공부는 버티는 힘이 중요합니다. 회화 학원에 어학연수에 과외 교습에 아무리 해도 늘지 않아 하다가 자꾸 포기한다는 후배가 비결을 물어왔어요.

"영어책 한 권 외워봤니? 영어책 한 권만 외우면 영어는 절로 술술 나온단다."

대답을 들은 후배가 더 쉬운 비결은 없느냐고 묻는데요. 쉬운 공부는 효과가 없어요. 책 한 권을 외우는 것만큼 확실한 방법도 없어요. 힘들어도 6개월만 버티면 머릿속에 영어의 기초가 확고하게 들어섭니다. 이 과정 없이 그냥 즐거운 공부로 넘어가면 즐겁기만 하지 효과가 없어요. CNN 뉴스를 틀어놓고 공부하면 아는 단어만 들리고 모르는 단어는 죽어도 안 들립니다. 테러리즘, 파리스, 프레지던트 등 언뜻언뜻 들리는 단어 몇 개로 내용을 추리하고는 CNN

뉴스의 70퍼센트를 알아듣는다고 생각하는데요. 이건 제대로 된 영어 공부가 아닙니다.

자신이 정말 CNN을 알아듣는다고 생각하면 뉴스를 받아쓰기 해보세요. 자신이 써놓은 문장이 말이 되면 제대로 들은 거죠. 그렇지 않다면 CNN 청취로 영어 공부 하지 마세요. 시간과 정력만 낭비하는 것입니다. 힘들어도 기초 회화를 들으며 따라 하고 외우시는 편이 낫습니다. 초급 영어를 완벽하게 정복하지 않고 그냥 중급자 코스로 넘어가는 건 허공에 탑 쌓기고 밀물 앞에 모래성 쌓기입니다. 기초가 없으니 금세 무너집니다.

취미 삼아 하는 공부라면 그냥 즐겁게 해도 되겠지요. 하지만 인생을 바꾸겠다는 각오로 공부하고 싶다면 무조건 책을 외우세요. 힘들어도 그게 가장 오래가고 가장 잘 남습니다. 화려하고 높은 빌딩을 지으려면 보이지 않는 땅속 기초 공사에 더 공을 들이는 법입니다. 힘든 암송 공부를 버티고 견디는 과정에 내 속에서 무언가가 변합니다. 힘든 시간을 견디어 무언가를 이루면 뿌듯한 자부심이 생겨납니다. 요령을 피우고 설렁설렁 넘어가면 영어도, 사람도 나아지기 힘들어요. 포기하면 거기까지가 내 한계가 됩니다. 버텨야 더 나은 사람이 될 수 있습니다.

인생을 사는 데 가장 중요한 것은 어쩌면 향상심이 아닐까 싶습니다. 내일은 오늘보다 더 좋은 삶을 살겠다는 마음이요.

'꾸준한 오늘이 있기에 내일은 무한하다.'

이런 각오로 하루하루 삽니다. 매일 나아지고, 그런 매일을 쌓아 가면서 인생을 바꾸는 내가 되고 싶었어요. 그래서 처음 영어를 공부할 땐 날마다 문장을 외웠습니다. 매일 문장 10개를 외우면 몇 달이면 책 한 권을 다 외웁니다. 회화책 한 권을 외우면 영어의 말문이 열리고요. '어떻게 그게 가능하지?' 궁금해하시는 분들을 위해, 제 인생을 바꿔준 영어 공부의 비법을 지금부터 소개합니다.

차례

1장 영어 공부에는 때가 없다

1장

영어 공부에는 때가 없다

I've found that luck is quite predictable. If you want
more luck, take more chances. Be more active. Show
up more often.

– Brian Tracy

영어를
잘하는 비결은 간절함

통역사 출신 PD라고 하면 사람들이 어떤 경로로 영어를 배웠는지 물어봅니다. 저는 영어를 전공하지도 않았고 미국 생활이나 어학연수는커녕, 회화 학원을 다닌 적도 없어요. 그냥 혼자서 책을 외우며 공부했습니다. 영어를 잘하는 특별한 비결을 묻는다면, 전 다음과 같이 말하겠습니다.

"그건 바로 간절함입니다."

대학 시절 자원공학을 전공했습니다. 신소재 재료를 다루는 첨단 공학인 줄 알고 지원했는데, '소재'는 다루지만 '신'이 아니었어요. 원래 이름이 광산학과였습니다. 탄광에 가서 일하고 싶은 생각은 당연히 없었으니, 공부에 의욕이 생기지 않더군요. 그렇다고 재수를 할 엄두도 안 났어요. 고등학교 내신 등급이 10등급 중 5등급입니다. 원래 산업공학과에 지원했는데, 내신 성적이 낮아 1지망 낙방하고 여기 붙은 거지요. 내신이 너무 안 좋으니 재수도 할 수 없어 2년 동안 방황만 하다 입대했습니다.

자대 배치받고 내무반에 인사하러 갔더니 자기소개를 시키더군요. 대학에서 뭘 배우느냐고 묻기에 석탄채굴학이랑 석유시추공학을 배운다고 했습니다. 짓궂은 고참이 물었어요.

"그럼 넌 졸업하고 탄광 가는 거냐?"

"그럴 생각은 없습니다."

"그럼 뭐해서 먹고살 건데?"

순간 할 말이 없어 멍하니 서 있는데, 옆에 있던 고참 하나가 끼어들었어요.

"군대 짱박으면 되겠네. 직업군인 지원해라."

그랬더니 다른 고참이 그러더군요.

"야, 저놈아는 방위잖아. 똥방위는 군대 짱박는 것도 안 된다. 군대에서 먹여주고 재워주기도 아까워서 도시락 싸서 출퇴근하라는 거잖아."

그때 알았어요. 방위는 군대 말뚝도 못 박는다는 걸.

동시에, 스물한 살의 저를 돌아보았습니다. 태어나서 연애 한번 못 해봤고, 신체검사에 떨어져 현역 입대도 못 하는 약골에, 전공 학점도 바닥인, 잘하는 것은커녕 하고 싶은 일도 없는 나. 정말 비참했습니다. 그 순간 다짐했어요.

'내가 그렇게 못난 놈이 아니란 걸 스스로에게 증명하자. 남보다 잘하는 특기 하나를 만들자.'

문득, 영어만 잘하면 전공을 살리지 않고도 취업할 수 있을 거란 생각이 들더군요. 그땐 정말 그랬어요. 그런데 문제는 그렇게 기특한 마음을 먹은 때가, 하필 군대 신병 시절이라는 거지요. 학원은커녕 영어책 한 권 없는 곳이었어요. 인터넷도 없던 시절이라 뭘 가지고 공부해야 할지 막막했습니다. 어떻게 하면 군대에서 영어 공부를 할 수 있을까, 고민을 거듭하다 부대 안에 있는 교회를 찾아갔습니다.

"기독교 신앙 공부를 하고 싶습니다. 성경 한 권 얻을 수 있겠습니까?"

'호, 이런 기특한 신병을 봤나' 하는 흐뭇한 얼굴로 군종병이 문고판 성경책을 주더군요. 다시 부탁했습니다.

"기왕이면 성경 말씀을 제대로 공부하고 싶습니다. 영어로 된 성경책을 빌려주십시오."

그래서 영한 대역 성경책을 한 권 얻었습니다. 작업하다 쉬는 시간에 남들 삼삼오오 모여서 담배 피우는 동안 저는 한구석에 앉아 영어 성경을 읽고 외웠습니다. 방위병 막내가 토플책을 보다가 걸렸다면 엄청나게 맞았겠지요. "이 자식이 군대를 뭐로 보고!" 하면서요. 하지만 아무도 저를 건드리지 않더군요. 흔히들 군대 고참은 하느님보다 높다고 하는데, 고참도 하느님은 무서운가봐요. 비록 기독교 신자는 아니지만, 저는 하느님의 '백'을 믿고 공부를 계속했습니다. 그때 깨달았어요. 영어 공부는, 간절함만 있으면 언제 어디서도 할 수 있다고.

그렇게 18개월의 방위병 생활을 마치고 대학 3학년에 복학했습니다. '혼자서 영어책을 외운 것이 전부인데, 그렇게 공부한 영어가 실전에서도 먹힐까?' 궁금한 마음에 전국 대학생 영어 토론대회에 나갔습니다. 직접 쓴 영어 연설문을 발표하고 영어로 토론하는 대회였는데, 거기서 2등을 했습니다. 당시 대상은 중·고교 시절을 외국에서 보내고 들어온 외교관 자녀가 받았습니다.

'국내에서 공부한 사람 중에서 내가 전국 영어 1등이란 말이지?'

자신감이 생겼습니다.

삶이 바뀌는 인생의 전환점은 언제일까요? 언제든 나의 인생을 바꾸고 싶다는 간절한 마음을 먹은 바로 그 순간입니다. 간절한 마음은 꾸준한 실천으로 이어지고, 꾸준한 실천은 반드시 삶의 모양새를 바꿔놓거든요. 영어를 잘하는 비결은 인생을 바꾸고 싶다는 간절함입니다.

첫 번째 계단을
만날 때까지 버텨라

외대 통역대학원 재학 시절 통역 아르바이트를 했습니다. 그런데 미국에서 온 연사가 질의응답 시간에 갑자기 조크를 던지면 당황할 때가 많았어요. 그래서 고민 끝에 교수님을 찾아가서 물었습니다.

"독학으로 영어를 공부해서 미국식 유머에 약합니다. 어떻게 하면 좋을까요?"

교수님은 제게 〈프렌즈〉나 〈사인펠드〉 같은 미국 청춘 시트콤을 보라고 하셨어요. 미국식 생활영어 표현과 유머에 익숙해질 수 있다고요. 그래서 시트콤을 열심히 보게 됐고, 그러다 그만 시트콤에 중독되어버렸습니다. 이렇게 재미있는 청춘 시트콤을 직접 만들어

보고 싶다는 생각에 PD의 길로 들어섰지요.

하지만 시트콤 연출가의 길은 쉽지 않더군요. 조연출 시절, 제가 손댄 시트콤마다 망했거든요. 특수영상제작실이라고 프로그램 타이틀을 제작하는 부서가 있는데, 거기에 새 타이틀 의뢰 안을 들고 가면 부장님이 놀렸어요.

"야, 이번에 타이틀 만들어주면 얼마나 쓸 거냐? 방송에 좀 오래 나가야 우리도 신경 써서 만들어주지, 몇 번 나가고 마는 타이틀에 어떻게 일일이 공을 들여?"

한 회사 선배는 안타까운 마음에 저를 붙잡고 그랬어요.

"민식아. 너는 시트콤 전문 PD가 되겠다고 하는데, 내가 보기에 시트콤이랑 너랑 좀 안 맞는 것 같아. 버라이어티 쇼 쪽으로 전공을 바꾸는 건 어때?"

시트콤 제목을 너무 자주 바꿔서 타이틀 도안을 새로 의뢰하기도 민망했지요. 그래서 망한 시트콤 제목에 '뉴' 자 하나 더 붙여 만든 게 〈뉴 논스톱〉입니다. 조인성, 장나라, 양동근, 박경림 등 신인을 기용해서 만든 그 시트콤이 대박이 났습니다.

살아보니 인생은 들인 노력에 비례해서 성과가 쭉쭉 올라가지는 않더라고요. 아무리 공을 들여도 변화가 없는 시기가 한동안 이어집니다. 시트콤이 적성이 안 맞는 게 아니라 아직 노하우가 덜 쌓였던 거예요. 실패의 경험도 자꾸 쌓여야 성공의 노하우로 바뀝니다. 가도 가도 그 상태인 것 같지만, 어느 순간 첫 번째 계단을 만나면 불쑥 올라갑니다.

많은 사람이 영어 공부를 하다 중간에 포기합니다. 나름대로 열심히 했다고 생각하는데, 실제로 미국 사람을 만나면 입이 열리지 않고 하나도 안 들립니다. 해도 해도 도무지 실력이 늘지 않는 시기가 한동안 이어집니다. 지금 내가 하고 있는 방법이 효과가 없구나 하는 자괴감에 학습 의욕도 떨어집니다.

X축에 시간을 들인 만큼 Y축의 실력도 정비례해 올라가면 좋겠지만, 영어 실력은 계단식 그래프를 그리며 올라가더라고요. 아무리 공부해도 실력이 늘지 않아 답답하기만 한데, 질적인 변화는 금세 이루어지지 않습니다. 물을 가열하고 또 가열해도 김만 날 뿐 여전히 물입니다. 그러다 온도가 100℃에 도달하면 어느 순간 확 끓어 넘치며 수증기가 됩니다. 양이 쌓여야 질적 변화가 일어납니다. 우리가 잘 알고 있는 양질 전환의 법칙이 영어 공부에도 그대로 적용되는 것입니다.

영어 고수로 불리는 사람들은 대개 그 첫 번째 계단을 오르는 순간, '이거구나!' 하는 희열을 맛본 다음에 공부에 재미가 붙었다고 말합니다. 열심히 공부하는데도 실력이 늘지 않는다고 포기하진 마세요. 원래 어학 공부가 그렇습니다. 조금만 더 버티면 첫 번째 계단을 훌쩍 올라서는 순간이 반드시 옵니다.

책 '한 권'이라는 목표가 중요한 이유가 여기 있습니다. 성과가 보이지 않아도 포기하지 말고 한 권을 다 외울 때까지는 해보는 겁니다. 교재 앞부분은 쉬워서 진도가 잘 나갑니다. 후반부에 들어서면 점점 더 암기하기가 어려워집니다. 문장도 어려워지고, 누적된 표현의 가짓수가 많아지면서 복습을 할 때마다 소요 시간이 늘어나거든요. 무엇보다 가장 힘든 때는, 몇 달째 열심히 했는데도 실력이 나아지지 않는 것처럼 느껴지는 순간입니다. 그때 포기하지 않고 끝까지 가야 합니다. 적어도 첫 번째 계단을 만날 때까지는 버텨야 합니다. 양질 전환이 이루어지는 첫 번째 전환점 말입니다. 이 첫 고비를 넘기면 영어 공부에 재미가 붙을뿐더러, 인생에서도 힘든 순간에 포기하지 않고 버티는 법을 배우게 됩니다.

책 한 권을 포기하지 않고 끝까지 가기 위해서는 매일 한 과씩 외우고, 전날까지 외운 것을 복습하는 공부가 중요합니다. 복습을 할 때 핵심은 책을 보지 않고도 영어 문장이 떠올라야 한다는 것입니다. 책을 보고 읽으면 다 아는 것 같은 착각이 생기거든요.

물론 책 한 권이 다 떠오르지는 않아요. 그래서 저는 한 과 공부가 끝날 때마다 휴대전화 메모장에 대화 주제를 기록해둡니다. 인사, 날씨, 학교, 길 찾기 등으로 말이지요. 저녁에 퇴근하고 집에 와서 쉴 때, 소파에 기대 앉아 눈을 감고 그날 종일 외운 과를 소리 내어 암송해봅니다. 오늘 공부한 과를 다 외웠으면, 1과부터 다시 복습해봅니다. 기억이 나지 않는 과는 메모장의 주제를 보고 다시 기억을 떠올려봅니다.

　이렇게 매일 반복하면 언젠가는 눈을 감고 책 한 권을 통째로 외우는 날이 옵니다.

버려지는 노력은 없다

통역사 출신 PD라고 해봤자 드라마 촬영 현장에서 영어를 쓰는 일은 거의 없습니다. 가끔 선배들이 놀려요.

"영어 공부한 거 후회하지 않냐?"

전 후회하지 않아요. 인생에서 버려지는 노력은 없거든요.

미국 시트콤을 보며 놀다가 문득 한국판 청춘 시트콤을 만들고 싶다는 생각에 예능국 PD가 되었습니다. 하지만 입사 후 〈남자 셋 여자 셋〉에 지원했다가 조연출 배정에서 탈락했어요. 당시 저는 서른 살 늦깎이 신입사원이었는데, 담당 연출인 선배랑 나이가 동갑이었거든요. 조직으로서는 껄끄러운 인사죠. 결국 저는 시트콤은 못 하고, 연예 정보나 가요 프로그램을 전전했습니다.

그러던 어느 날, 쇼 프로그램 연출의 대가이신 신종인 부장님이 저를 찾으셨어요.

"너, 동시통역대학원 나왔다 그랬지? 저거 통역 좀 해봐라."

TV에서는 1998년 당시 아카데미 시상식이 방송되고 있었어요. 그즈음에는 국내 채널에서 아카데미 시상식을 생중계하는 곳이 없어서 부장님은 AFKN으로 보고 계셨지요. 그러다가 답답하니까 인간 통역기를 동원하신 거예요. 예능 조연출은 시키면 뭐든 합니다. MBC 〈마이 리틀 텔레비전〉이라는 프로그램을 보면 나오잖아요. 인체 실험 대상 조연출. 저는 TV 옆에 뻘쭘하게 서서 동시통역을 했어요. 놓치는 부분도 많았지만, 워낙 영화를 좋아해서 제목이나 사람 이름을 알아듣는 데 큰 어려움은 없었습니다.

"잘하네? 넌 통역사를 하지 MBC에는 뭐하러 들어왔냐?"

그래서 말씀드렸죠.

"지금은 연예 정보 프로그램에서 파파라치를 뛰고 있지만, 언젠가는 〈프렌즈〉 같은 청춘 시트콤을 만드는 게 꿈입니다."

〈프렌즈〉는 미국 NBC에서 방송했던 인기 드라마예요. 얼마나 인기가 있었던지 시즌 10까지 이어졌죠.

다음 해에 부장님이 예능국장으로 승진하셨어요. 어느 날 저를 국장실로 부르셨습니다.

"청춘 시트콤을 새로 시작하는데, 거기 가서 조연출 할래?"

저는 그때 처음으로 시트콤을 맡게 되었고, 그 인연으로 〈논스톱〉 시리즈를 만들게 되었습니다. 그 이후 로맨틱 코미디 전문 연출가라는 경력이 본격적으로 시작되었고요.

《지속하는 힘》의 저자 고바야시 다다아키의 다음 문장이 제 생각을 대변해주는 듯해요.

> 매일 영어 공부를 열심히 한다고 해도 훗날 영어를 사용하는 일을 하게 된다는 보장은 어디에도 없다. 올림픽에 출전하고 싶어 혹독한 훈련을 견뎌내고 있지만 올림픽에 출전할 수 있다고 누구도 장담하지 못한다.
>
> 인정하고 싶지 않지만 세상은 그런 것이다. (중략) 영어 공부를 그만두면 영어를 쓰는 일에 종사하게 될 가능성은 제로다. 훈련을 그만두면 올림픽 대표 선수로 선발될 가능성은 없다고 보면 된다.
>
> – 《지속하는 힘》(고바야시 다다아키 지음, 정은지 옮김, 아날로그)

스티브 잡스가 그랬죠. 인생에서 '점과 점은 이어진다'고. 인생에서 버려지는 노력은 없습니다. 그걸 믿으면 힘이 생깁니다. 힘들어도 지속하는 힘 말이에요.

마지막이라는 각오로
한 번 더 도전

1996년 MBC 예능국에 입사한 저는 "한국판 청춘 시트콤을 만들고 싶습니다!" 하고 떠들고 다녔습니다. 그랬더니 회사에서, "그래? 어디 한번 마음껏 해봐" 하고 기회를 주더군요. 2000년 가을에 〈논스톱〉 시리즈를 맡아, 쉬지 않고 질리도록 만들었어요. 〈뉴 논스톱〉이 끝나서 좀 쉴까 했더니, 신인 배우들 새로 뽑아서 〈논스톱 3〉을 만들라고 하더군요. 말 그대로 논스톱으로요. 그렇게 2년 반 동안 만든 에피소드가 500편이 넘습니다.

자신감을 얻어 새로운 시트콤을 기획했습니다. 〈조선에서 왔소이다〉라는 제목의 타임머신 판 '왕자와 거지' 이야기였어요. 조선 시대 한량 양반과 그의 부지런한 종놈이 우리가 사는 현재로 와서 거지와 부자로 서로 입장이 바뀌어가는 스토리였죠. SF 시트콤은 시기상조라고 주위에서 다들 말렸지만, 저는 투지를 불태우며 기세 좋게 덤볐지요. 하지만 그 타임 리프(시간 이동) 시트콤은 시간을 뛰어넘는 빠른 속도로 망했습니다. '시청률 저조, 제작비 초과, 광고 판매 부진'까지 연출가가 저질러선 안 되는 삼거지악의 죄를 짓고 방송 4부 만에 종방 결정이 내려져 7부에 막을 내렸어요.

조기 종영이 되고 보니 너무 창피했어요. 밖에 다니기도 힘들어 한동안 집구석에 틀어박혀 지냈습니다. 하루는 MBC 예능국 선배이신 송창의 국장님이 술 한잔하자고 홍대로 부르셨어요. 기가 죽어 고개 푹 숙이고 술잔만 비우는데, 그러시더군요.

"프로그램 망해서 쪽팔려 죽겠지?"

간신히 "예" 하고 대답했어요.

"난 말이야. 네가 이번에 망한 게 아주 잘된 일이라고 생각한다."

"예?" 저도 모르게 목소리가 커졌어요.

선배님이 잔에 술을 따르며 물어보셨어요.

"민식아, 올해 나이가 몇이냐?"

"서른다섯입니다."

"캬아! 좋을 때다. 프로그램 말아먹기 참 좋은 나이로구나."

좀 너무하신다는 생각에 눈꼬리가 살짝 올라갔어요.

"인생에서 가장 좋은 나이가 언제 같으냐?"

"스무 살 아닌가요?"

"그렇지 않아. 나이 스물은 하고 싶은 게 뭔지 모르고, 나이 서른은 하고 싶은 건 많은데 할 줄 아는 게 없어. 남자는 나이 마흔은 되어야 비로소 하고 싶은 일을 할 수 있는 때가 온단다. 넌 아직 전성기가 오려면 멀었어."

저는 가만히 탁자 모서리만 바라보고 있었어요.

"네가 만약 이번 프로그램도 대박 냈다고 해봐. 스타 PD라고 우쭐해서 자만하게 됐을걸? 연출이 자만하는 순간, 대중은 등을 돌린다. 또, 내내 잘나가다가 나이 사십이나 오십 넘어 망해봐라. 회복하기 힘들어. 망하는 것도 다시 설 수 있는 힘이 있을 때 경험해야 해. 그런 점에서 망하기에 딱 좋은 나이가 30대야. 진짜 인생의 전성기를 준비하는 시기거든."

그때는 선배님 말씀이 별로 와 닿지 않았어요. 하지만 나이 오십을 바라보는 지금, 그보다 더 고마운 충고는 없었다고 생각합니다. 요새는 더욱이 100세 인생을 이야기하는 세상이니, 새로운 시도는 언제라도 좋다고 생각합니다. 사실 이제는 공부고 놀이고 간에 나이 제한이 없어졌잖아요.

가끔 제 블로그 연애 스쿨에 이런 고민 상담이 올라옵니다.

"아직 20대인데, 부모님이 좋은 사람 만나서 빨리 결혼하라고 성화입니다. 취업도 그렇고 경제적으로도 그렇고 준비가 안 돼 있어서 좀더 시간을 갖고 사람을 만나고 싶은데, 어떻게 하면 부모님을 설득할 수 있을까요?"

부모님들은 평균 수명이 60이던 시절을 살았어요. 60에 죽는다는 건, 자식이 30대일 때 세상을 떠난다는 거지요. 그런 시대에는 자식이 20대에 취업도 하고 결혼도 하고 가정도 꾸리고 직장에서 자리 잡는 걸 봐야 죽을 때 마음 편하게 눈을 감을 수 있었을 겁니다. 하지만 지금은 90세, 100세까지 사는 인생이에요. 전혀 서두를 이유가 없습니다.

아이가 하나 있는 친구가 있는데, 부모가 죽고 나서 혼자 외로울까봐 걱정이라길래 이렇게 말해줬습니다.

"야, 요즘은 부모가 90에 죽으면 자식도 나이가 60이야. 그 나이에 외로우면, 지가 인생을 잘못 산 거지, 어찌 형제를 낳아주지 않은 부모 탓이겠냐?"

예전에는 중매로 만나 잘 맞지 않는 부부라도 그냥저냥 살았어요. 남편은 일하느라 바쁘고 아내는 애 키우느라 바쁘게 살았죠. 남편이 50대 중반에 퇴직하고 아이들이 독립하고 나면 그제야 부부가 함께 생활하는 시간이 좀 있었어요. 그 시간이 길지가 않아요. 평균 수명이 짧았으니까요. 그러니까 부부가 싸운다 해도 몇 년 안

싸웠어요. 그런데 요즘은 90까지 삽니다. 퇴직하고 아이 다 키워놓고 부부 둘이 덩그러니 30년을 살아요. 마음에 안 맞는 사람과 불행하게 살기에는 너무 긴 세월이지요.

직업도 마찬가지예요. 부모님 세대는 취업할 때 적성 같은 걸 따져보지 않고, 돈을 벌 수 있는 일이라면 그냥 힘들어도 다 했지요. 하지만 지금은 나이 50에 퇴직하고 노는 시대가 아닙니다. 100세 시대에는 오래 일할 수 있어야 노후가 행복합니다. 시간이 좀 걸리더라도 마음에 맞는 일, 마음에 맞는 배우자를 찾는 게 우선입니다. 서른 살 넘어 취직 못 하고, 결혼 안 했다고 절대 불안해할 이유가 없어요.

100세 시대, 인생을 좀더 여유롭게 살았으면 좋겠어요.

'10대 20대에 공부하고, 30대 40대에 일하고, 50대 60대에 놀다가 간다.'

이렇게 20년씩 딱딱 끊어서 인생의 단계를 나눌 수 없어요. 100세까지 사는 인생이므로 나이 칠팔십에도 일을 해야 하고, 오륙십에도 공부를 새로 해야 합니다. 지금은 일과 공부와 놀이가 돌고 도는 순환의 삶을 사는 시대거든요.

이제 공부에는 정해진 나이가 따로 없습니다. '이번이 내 인생에 마지막 영어 공부다' 하고 마음먹자고요. 공부에 어떻게 마지막이 있을 수 있겠는가만, 마지막이라는 각오로 한 번 더 도전하겠다는 그 마음이면 충분합니다.

나이 들어서 다시 하는 영어 공부에는 장점도 많습니다.

첫째, 큰돈이 들지 않아요. 어릴 때 싫은 공부를 억지로 하려면 학원비에 과외비에 돈이 많이 듭니다. 하지만 어른이 되어 스스로 하는 공부에는 돈이 들지 않아요. 혼자 책 한 권 외우는 데 얼마나 돈이 들겠습니까. 의지만 있으면 누구나 할 수 있어요. 영어 암송 학습법, 비용 대비 만족도가 가장 높은 방법입니다.

둘째, 취업이나 이직을 할 때 도움이 됩니다. 앞으로는 인공지능이 발달하면서 직업 유동성이 커질 겁니다. 그런 시대에는 새로운 정보를 받아들이는 직무 유연성이 필요합니다. 영어와 업무 간에 연관성이 없더라도, 독학으로 갈고닦은 영어 실력은 취업에 큰 도움이 됩니다. 고용주 입장에서 사람을 볼 때 가장 중요한 것 중 하나가 성실함인데요. 국내에서 독학으로 영어를 공부했다고 하면, 그 자체로 내적인 동기부여가 강하고 성실한 사람이라는 증명이 됩니다.

셋째, 평생 가는 취미를 만날 수 있습니다. 언어를 배우는 가장 좋은 방법은 문화를 즐기는 것입니다. 여행을 다니고 영화를 보고 외국인 친구를 만나고……. 영어 공부는 인생의 다채로움과 맞물려 더 큰 즐거움을 낳습니다. 영어 공부만큼 취미 생활을 풍요롭게 해주는 것도 없어요.

《7번 읽기 공부법》이라는 책의 첫 대목에 다음의 글이 나옵니다.

당신이 이 책을 집어 든 이유는 현재의 자신이 완전히 만족스
럽지 못해서가 아닐까? 다시 말해 당신 안에는 이미 향상심이
자리 잡고 있을 것이다. 향상심만큼은 결코 배워서 얻을 수 없
다는 것이 내 지론이다. 따라서 향상심을 지녔다면 어떤 축복
받은 재능보다 뛰어난 자질을 갖춘 셈이다.

- 《7번 읽기 공부법》(야마구치 마유 지음, 류두진 옮김, 위즈덤하우스)

이 책을 집어 든 당신, 영어를 잘하기 위한 그 어떤 재능보다 뛰
어난 자질을 갖춘 셈입니다. 향상심은 절대로 배워서 얻을 수 있는
게 아니거든요. 100세 인생, 오래도록 공부가 즐거운 인생을 응원
합니다!

자꾸 넘어져봐야
두려움이 사라진다

몇 해 전, 큰딸 민지에게 스키를 가르쳤습니다. 나름 '운동퀸'이라
는 소리를 듣는 아이라 스키장에 처음 데려갔는데도 넘어지지 않
고 잘 타더군요. 잘 탄다 싶어서 다음 날에는 중상급 코스로 데려
갔어요. 내려가면서 보니 아이가 침착하게 타긴 하는데, 가파른 경
사에서는 엉덩이가 뒤로 빠지면서 자세가 무너지더군요. 겁이 나
서 그런 모양이에요. 다시 초보 코스로 데려갔습니다. 넘어지는 법
을 가르쳐주려고요.

"민지야, 스키는 넘어지지 않는 법을 배우는 게 아니야. 오히려
잘 넘어지는 법을 배우는 거야."

스키를 잘 타려면, 턴을 잘해야 합니다. 턴을 잘하려면 '업다운' 이 정확해야 하는데, 이때 업 동작은 스키에 체중을 실어주고 일어 나면서 몸을 산 아래로 던지는 것을 말하죠. 상급 코스로 가면 경 사가 심해지니 몸을 아래로 던지기가 무서워 엉거주춤 뒤로 빼게 됩니다. 그러면 스키나 보드 플레이트에 체중이 실리지 않아 에지 (edge)가 먹지 않아요. 겁먹고 엉덩이를 뒤로 빼면 오히려 더 위험 합니다. 위태로울수록 몸을 아래로 던져야 제동이 잘 걸려 안전합 니다. 역설적이지요?

초보 코스에서 다리를 A자로 벌린 채 안 넘어지고 그냥 내려가 는 사람도 있습니다. 턴을 하지 않기에 넘어지지는 않습니다. 넘어 지지 않으니 잘 탄다고 생각하겠지만, 위험천만한 생각이에요. 상 급자 코스에 가서도 안 넘어지고 계속 내려가면, 속도를 제어할 수 없는 지경에 이릅니다. 그러면 큰 사고로 이어질 수 있어요. 컨트롤 이 안 될 때는 바로 넘어져야 안전합니다. 그런데 초보 코스에서 넘 어지지 않았으니, 상급에서도 안 넘어지기만 하면 아슬아슬하긴 해 도 끝까지 갈 것이라 생각합니다. 그렇게 타다가는 큰 사고 납니다.

스키를 배울 때는, 초보 코스에서 턴을 연습하며 자꾸 넘어져봐 야 합니다. 푹신한 눈밭이니 넘어져도 별로 다치지 않아요. 넘어져 도 괜찮다는 걸 몸에게 가르쳐주면 겁도 덜 먹어요. 자세가 바로 서고, 턴을 할 때도 계곡 쪽으로 몸을 던지기가 쉬워져요. 에지가 잘 먹고 턴도 잘 되지요.

또 초보 스키어들은 뒤에서 굉음을 내며 내려오는 보더의 소리가 들리면 흠칫 겁을 먹곤 합니다. 그래서 갑자기 방향을 꺾다가 넘어지거나 부딪히는 일이 많죠. 뒤에서 누가 와도 신경 쓰지 마세요. '잘 타는 지가 피해 가겠지' 생각하고 침착하게 자신의 턴을 하면 됩니다. 상급자는 아래에 있는 스키어의 턴 궤적을 보고 진로를 예상해서 비켜 가려고 하는데, 겁먹은 스키어가 갑자기 방향을 꺾으면 충돌하기 십상이에요. 뒤에서 누가 눈보라에 굉음을 일으키며 미친 듯이 달려와도 차분하게 자신만의 턴을 그려야 합니다.

영어 공부도 스키 타기와 비슷합니다. 자꾸 실수를 해보는 과정을 통해 배워야 하고, 잘하는 사람을 만나도 기죽지 말고 자신의 영어를 해야 합니다. 우리는 영어를 문법부터 배웁니다. 학교나 학원 가서 가장 먼저 보는 것이 영어시험인데, 시험이란 틀린 문장을 골라내는 것이지요. 이건 동사 연결이 틀렸고, 저건 전치사가 틀렸고, 이건 스펠링이 틀렸고, 저건 발음이 틀렸고. 그런 식으로 영어를 배운 탓에 말을 하려고 하면 항상 머릿속에서 '이것도 틀렸어!' '저것도 틀렸어!' 하고 빨간불이 켜지고 사이렌이 울립니다. 그런데 이렇게 기가 죽어서는 영어가 늘 수가 없어요. 외국어를 처음 배울 때도 스키 탈 때처럼, 실수하지 않기를 바라지 말고 실수하면서 배워야 합니다.

저는 10년을 스키만 타다가 나이 마흔에 보드를 시작했습니다. 처음엔 보드 타기 싫었어요. 스키를 타면 최상급에서 쌩쌩 내려오는데, 초급자 코스에서 길게 줄 서서 리프트를 기다리는 게 싫더라고요. 무릎 꿇고 앉아 비굴한 자세로 배우는 것도 창피했어요. 그래도 창피함을 무릅쓰고 배웠습니다. 그렇게 배운 덕분에 지금은 겨울이면 시즌권을 끊어 스키와 보드를 둘 다 즐기고 있습니다.

수십 년간 우리말만 하고도 별일 없이 살았다 해서 외국어가 필요 없다고 할 순 없어요. 평생 여행도 안 다니고 한국에서만 살 건 아니잖아요. 어려서 영어를 배울 때 스트레스가 컸던 건 시험 탓이에요. 즐기자고 배우는 영어, 틀려도 스트레스 받지 말고 일단 한번 들이대보세요.

인생을 살면서 한 번도 넘어지지 않는 사람은 없습니다. 넘어지지 않는 법을 배우는 게 아니라, 넘어져도 다시 일어나는 법을 배워야 해요. 영어 공부도 마찬가지입니다. 틀린 문장을 말하지 않는 법을 배우는 게 아니라, 틀린 문장으로도 자꾸 들이대는 법을 배워야 합니다. 창피하다고 죽지는 않습니다. 그리고 사실 진짜 창피한 건, 창피당할까봐 시도도 하지 않는 것입니다.

늦었다고 영어 공부를 영영 포기할 이유는 없습니다. 지금이라도 영어 공부, 한 번 더 시도해봐요. 실패한다고 죽지는 않으니까요.

어른의 영어 공부,
일단 해봐야 하는 이유

2015년 가을, 한 달 동안 아르헨티나 배낭여행을 다녀왔습니다. 정말 큰 나라였습니다. 수도인 부에노스아이레스에서 이구아수 폭포까지 버스로 20시간이 걸렸습니다. 그나마 가까운 거리예요. 이구아수 폭포에서 아르헨티나 남단 우수아이아까지는 버스로 3박 4일이 걸린다고 합니다.

밤을 새워 버스를 타고 도착하니 아침 9시. 터미널에 내리니 폭우가 쏟아지는데, 언제 그칠지는 알 수 없대요. 열대우림지역이라 비가 자주 내리고 일기예보도 의미가 없다더군요. 버스에서 하룻밤을 보낸 터라 피곤하기도 해서 그냥 숙소에 가서 짐 풀고 하루

쉬고 싶은 마음이 생겼습니다.

짧은 순간, 머릿속에서는 하루 쉬자는 쪽과 비가 내려도 무조건 가자는 쪽이 설전을 벌였습니다. '온종일 비가 오면 어쩌려고!' '우비 입고 다니지?' '그러다 감기 걸리면 어쩌려고!' '그럼 그때 가서 쉬지?' 고민 끝에 결국 가자는 쪽으로 결론을 내렸어요.

폭포에 도착해서 잠시 우산 쓰고 걷다 보니 날이 개었습니다. 포기하자는 유혹에 졌다면 숙소에서 맑게 갠 하늘 보며 땅을 칠 뻔했어요. 역시 인생은 끝까지 가보기 전에는 모릅니다.

저는 요즘 취미 삼아 일본어와 중국어 회화책을 암송합니다. 주변에선 업무상 외국어가 필요하냐고 묻곤 하죠. 드라마 PD한테 사실 크게 필요하지 않습니다. 사람들은 그 힘든 걸 왜 하느냐고 묻습니다. 그러면 저는 이렇게 답해요.

첫째, 할 수 있는 만큼만 하면 힘들지 않다고요.

저는 시간이 날 때마다 문장 10개를 외웁니다. 아르헨티나 여행 중에는 스페인어 기초 회화를 암송했는데, 하나도 못 외우는 날도 많았어요. 나이가 들어서 그런지 예전만큼 잘 외워지지 않습니다. 스페인어를 유창하게 할 생각도 없어요. 그냥 지금 이 순간, 제가 할 수 있는 일을 할 뿐입니다. 고맙다고 말하고, 반갑다고 인사만 해도 됩니다.

여행을 다닐 때도 마찬가지입니다. 모든 게 완벽하길 바라지 않아요. 어떻게 매일매일 날씨가 화창하고, 좋은 사람만 만나고, 환상적인 풍경만 볼 수 있나요? 그냥 그날 할 수 있는 데까지 최선을 다할 뿐입니다. 그러다 얻어걸리면 다행이고, 뜻대로 안 되면, 그게 또 여행이고 인생이지요.

둘째, 힘들지 안 힘들지는 해보지 않고는 모른다고요.

비를 맞으며 이구아수 폭포를 보는 게 힘들지 안 힘들지는 가보지 않고는 모릅니다. 오히려 무지개 뜬 이구아수 폭포의 장관을 볼지도 모르지요. 여행도, 인생도 딱 고생한 만큼만 보람이 생기더군요.

영어 회화 암송이 힘들지 안 힘들지는 해보지 않고는 모릅니다. 해봤는데 정말 죽도록 힘들면, 그때 가서 포기해도 됩니다. 통역사도 많고 자동번역 프로그램도 있으니까요. 이구아수의 어느 호스텔 직원은 영어를 전혀 못하는데, 구글 번역기를 컴퓨터 화면에 띄워놓고 그걸로 일하더라고요. 어떤 미국인 여행자는 외국어 사전 앱으로 스페인어 단어 찾아가며 쇼핑을 하고요. 이렇게 살기 편한 세상이니 영어 못해도 사는 데 별 지장은 없습니다. 하지만 포기할 때 포기하더라도 일단 한번 시작해보는 겁니다.

셋째, 세상일은 내 뜻대로 안 될지언정 내 마음은 내 뜻대로 하고 살고 싶습니다.

드라마 PD로 살면서 가장 힘든 점이 무엇이냐는 질문을 가끔 받습니다. 남의 마음이 내 마음 같지 않다는 게 가장 힘듭니다. 드라마 연출은 작가, 배우, 촬영감독을 비롯하여 자유의지를 가진 수많은 전문가를 내 뜻대로 움직여야 하는 사람이죠. 심지어 야외 촬영을 할 때는 길을 막고, 차를 막고, 지나가는 사람들도 막고 촬영을 해야 합니다. 드라마 촬영과 아무 상관이 없는 타인들의 자유의지마저 제 뜻대로 통제해야 좋은 그림을 얻을 수 있습니다. 마음이 약한 저로서는 참으로 힘든 작업입니다.

그래서 촬영이 끝나면 저는 항상 혼자 여행을 떠나고, 책을 읽고, 글을 씁니다. 이 세 가지는 다 제 마음대로 할 수 있는 일이니까요. 글을 쓰는 것은 드라마 연출에 비하면 정말 쉽고 즐거운 일입니다. 작가를 채근하거나, 배우를 설득하거나, 카메라 감독과 싸울 일이 없어요. 행인들에게 길을 막았다고 욕먹을 일도 없지요. 다른 사람과 싸우면 항상 내가 지는데, 나랑 싸우면 항상 내가 이깁니다. 나랑 싸우면 누가 이기든 승자는 나입니다. 게으른 나도, 부지런한 나도 어쨌든 모두 나니까요.

여행의 쾌감은 가고 싶은 곳에 가고, 보고 싶은 것을 보고, 먹고 싶은 것을 먹고, 자고 싶은 곳에서 잔다는 데 있습니다. 공부도 마찬가지입니다. 공부하고 싶은 곳에서, 공부하고 싶은 순간에, 공부하고 싶은 만큼 공부할 수 있습니다.

어른이 되고 난 다음의 영어 공부, 힘들어도 일단 갈 수 있는 곳까지 한번 가보자고요.

머리가 아닌
몸으로 익혀라

어려서 저는 무협지를 보며 상상의 나래를 펼치곤 했습니다. 필부의 삶을 살던 내가 어느 날 사라졌다가 몇 년 후 홀연히 나타납니다. 경천동지할 무공을 자랑하는 절세 고수가 되어 돌아온 나는 혈투가 난무하는 중원에 사랑과 정의와 평화를 가져옵니다.

무림 고수의 길은 절박함에서 시작됩니다. 부모님을 악당의 손에 잃거나, 사부가 죽임을 당하거나, 아내와 아이를 빼앗기거나 말이죠. 싸움에 휘말리지 않고 평화로운 삶을 고집하던 주인공은 시련을 겪은 후에야 무공의 필요성을 절감하지요. 그리고 결심합니다. '스스로를 바꾸어 세상을 구하겠노라.'

방위병 시절에 저는 무협지 주인공처럼 절박했습니다. 스무 살이 넘어 독립을 했으니 부모를 잃은 셈이요, 원하는 학과에 떨어졌으니 사부를 잃은 셈이요, 연애 한번 못 해봤으니 가정을 꾸릴 기회조차 얻지 못한 셈이지요. 그 절박함에서 저의 무공 수련은 시작되었습니다.

당시 저는 영어 회화 테이프를 수십 번씩 듣고, 문장을 닥치는 대로 외웠습니다. 세상을 등지고 홀로 무공 수련에 힘쓴 지 18개월, 어느덧 저는 벽안 무사들의 대화를 들으면 그들의 속내를 금세 알아챘고, 그들의 무림 비급을 읽으면 그 뜻이 눈앞에 무릉도원인 양 펼쳐졌으며, 입을 열면 생생한 영어 문장이 튀어나와 적들이 혼비백산하게 되었습니다. 다시 말해 영어 청취와 독해, 회화 삼박자를 갖춘 고수가 된 것이죠.

고수는 머리가 아니라 몸을 단련하는 사람입니다. 홍콩 영화 〈취권〉을 보면 성룡의 사부 소화자는 술에 취한 상태에서도 주먹이 날아오면 몸이 알아서 피합니다. 몸을 단련시키는 것이 진짜 쿵후[工夫]니까요.

영어 공부를 할 때 책을 눈으로만 읽으면 실력이 늘지 않습니다. 머리로 이해하기보다 입으로 자꾸 소리 내어 훈련하는 것이 중요합니다. 무협 영화를 보면, 고수가 되는 이상적인 수련 방법은 간단한 일을 몸으로 반복하는 겁니다. 계단을 오르내리며 물을 나르거나 무거운 도끼로 장작을 패는 단순한 일만 반복해서 합니다. 사부님은 절대 현란한 초식이나 고급 기술을 가르쳐주지 않아요. 기초 내공만 계속 수련하게 하지요. 무공을 닦는 것처럼 영어 공부도 기초를 꾸준히 갈고닦는 것이 중요합니다.

어학 공부를 시작할 때는 적은 분량을 완전히 내 것으로 만드는 학습법이 좋습니다. 주변에 보면 매일 CNN을 틀어놓고 그걸로 영어 실력을 쌓겠다는 사람이 있습니다. '계속 듣다 보면 한두 개라도 얻어걸리겠지' 하는 심정이겠지요. 요즘은 아침에 일어나 즐거운 마음으로 영어 팟캐스트를 듣는 분도 많지요. 이런 공부는 참 즐겁습니다. 영화 속 영어 대사도 즐기고, 진행자의 농담도 들으며…… '이렇게 매일 1년을 들으면 영어가 늘겠지' 하는 심정으로 듣습니다. 하지만 초보일 경우, 이런 공부는 세월만 좀먹을 뿐 효과는 거의 없습니다.

기왕 결심을 했다면, 기초 회화를 외우세요. 초급 회화 암기로 영어의 틀을 잡은 후에라야 다양한 방식으로 영어를 접하는 게 효과가 있습니다.

외대 통역대학원에는 저 같은 국내 독학파가 드문데, 심지어 저는 장학금도 탔어요(성적 상위 10퍼센트 학생에게만 줍니다). 대학원 후배인 아내는 제가 머리가 무척 좋은 사람인 줄 알았대요. 그 환상이 깨진 것은 제가 나이 마흔에 일본어를 공부하는 걸 보고서였답니다. 내가 공부하는 모습을 지켜본 후 아내가 한 말입니다.

"당신은 머리가 좋은 게 아니라 그냥 미련한 거야. 그렇게 공부해서도 안 되면 그게 이상한 거지."

저는 머리를 믿지 않아요. 오히려 습관이 깃든 몸을 믿습니다. 무엇을 잘하려면, 매일 하는 것 말고는 방법이 없다고 생각합니다.

'꿈이 있다면, 머리를 쓰지 말고 몸을 굴리자.'

이것이야말로 제가 영어 공부를 통해 몸에 익힌 절대무공입니다.

영어가 주는
세 가지 즐거움

2015년 가을, 저는 아버지와 둘이서 3주간 뉴욕 여행을 다녀왔습니다. 75세의 아버지와 47세의 아들, 부자가 미국 현지 가정에서 하숙을 하며 즐겁게 여행하고 왔어요. 아버지께서 무척 뿌듯해하셨지요. 아들이 동시통역사가 되고 드라마 PD가 된 건, 다 당신이 가르친 영어 덕분이라고 생각하시니까요. 아버지는 중학교 영어 선생님이셨거든요. 저도 인정합니다. 제가 인생을 즐겁게 사는 가장 큰 비결이 영어니까요.

대학생들도 먹고살 걱정에 여유가 없는 시기지만 전 20대 청춘의 시기에는 여행, 독서, 연애 이 세 가지를 즐겨야 한다고 말하고 다닙니다. 생각해보니 제가 그 세 가지를 즐긴 것이 다 영어 덕이었습니다.

먼저, 여행입니다.

저는 대학 4학년 때 처음 유럽으로 배낭여행을 떠났습니다. 그때 여행 경비는 전국 대학생 영어 토론대회 나가서 받은 상금과 과외를 해서 번 돈으로 마련했지요. 영어가 되니까 여행 가서도 참 좋더군요. 런던에 가서 싼 숙소를 찾는 것도, 맛집을 찾는 것도 다 너무 쉬웠어요. 게스트하우스에서 만난 외국인 배낭족들과 수다 떠는 것도 무척 즐거웠고요. 돌아오는 길에 '앞으로 죽을 때까지 매년 한 번씩 해외여행을 떠나자'고 결심했습니다.

1992년에 마음먹고 지금까지 매해 한 번도 빠짐없이 여행을 다녔습니다. 해외여행이 즐거운 가장 큰 이유는 언어의 장벽이 없기 때문이죠. 영어만 할 줄 알아도 어디 가서 불편할 일은 없거든요. 영어를 독학했던 똑같은 방식으로 요즘은 짬짬이 중국어나 일본어를 공부합니다. 영어가 거의 통하지 않는다는 남미 배낭여행을 준비하면서도 겁은 안 났어요. '까짓것 스페인어를 공부하면 되지' 하는 생각이었지요.

두 번째는 독서입니다.

대학 시절에 저는 미국 작가 스티븐 킹에 빠져 살았습니다. 스티븐 킹이 한국에서 인기를 끌기 전이라 번역되어 나온 책이 별로 없어서 원서로 읽기 시작했습니다. 수업 시간에 강의실 뒤편에 앉아 전공 서적 아래 소설을 펴놓고 읽었습니다. SF 작가 아이작 아시모프도 좋아하는데, 단편 소설 중 아직 국내에 소개되지 않은 작품이 많았어요. 평생 500권의 책을 냈다고 하니 우리나라에 소개 안 된 작품이 어디 한둘이겠습니까. 저라도 번역해서 소개해야겠다는 생각에 나우누리 통신 동호회에 한 편, 두 편 번역해서 올렸어요. 재미 삼아 한 번역인데 나중에 출판사에서 책까지 냈지요. 학창 시절에 번역으로 짭짤한 부수입을 올렸습니다. 재미로 시작한 번역이 돈벌이가 되고, 그렇게 번 돈으로 다시 책을 사서 읽었습니다. 영어를 잘하면 원서를 잘 읽게 되고, 원서를 많이 읽으면 또 영어가 늘어요. 영어와 독서만큼 행복한 선순환도 없습니다.

마지막으로 연애입니다.

여행과 독서는 영어와 상관관계가 있다는 걸 알겠는데, 연애는 무슨 관계가 있나 의아하시죠? 연애란 사실 마인드 게임입니다. 연애에 임하는 사람이 자신감이 없으면 잘되기가 쉽지 않지요. 저는 대학 1, 2학년 때 미팅에 나갈 때마다 차였습니다. 못생긴 외모를 심하게 의식하는 바람에 자학 개그를 연발했는데, 그런 식으로 웃기는 건 연애에 별 도움이 안 되더라고요.

스무 번 연속으로 차였고, 결국 연애 포기하고 군대 갔습니다. 그 때 방위병 생활을 하며 영어 회화 교재를 외웠습니다. 그런데 웬만큼 공부를 하고 나니 자신감이 생겼습니다. 마음만 먹으면 무슨 일이든 할 수 있다는 자신감이 생긴 겁니다. 연애에는 자신감이 필수입니다. 내가 나를 좋아하지 않는데 어떻게 남이 나를 좋아할까요? 자신을 자랑스럽게 여기는 마음, 나를 좋아하는 그 마음이 연애의 시작입니다.

연애 한번 못 해보고 군대에 간 게 큰 한이었습니다. 복학하면 멋진 연애를 해보리라 마음먹고 주말이면 도서관에서 열심히 책을 읽었습니다. 1년에 200권을 읽어 울산남부시립도서관에서 주는 다독상까지 받았어요. 책을 많이 읽으면 어떤 주제가 나와도 대화에 자신감이 생깁니다. '뭐 좋아하세요?' 하고 물어보고, 상대의 전공이든 취미든 진로든 책에서 읽은 내용을 바탕으로 대화를 풀어가면 되거든요.

영어라는 확실한 특기 하나가 생기니, 인생에 대한 자신감이 생기고, 아무리 예쁜 여자를 만나도 일단 한번 들이댈 수 있게 되었어요. 전에는 '이렇게 못난 제가 어찌 감히 그대를 만나겠어요'였다면, 이제는 '이렇게 멋진 내가 있는데, 오늘은 특별히 너에게 기회를 줄까 한다'가 된 거지요. 20대 후반에 화려한 연애를 즐겼고, 그 추억이 훗날 로맨틱 코미디를 연출하는 밑천이 되었는데요, 다 영어 공부 덕분이었어요.

대학 졸업을 앞두고 여덟 군데 기업에 입사 원서를 넣었는데, 일곱 군데에서 서류 심사 낙방했습니다. 면접도 한번 못 보고 백수가 될 판이었지요. 다행히, 마지막 남은 한국 3M에서 서류에 합격했다는 연락이 왔어요. 필기시험을 본 후, 면접을 보러 갔어요. 입사 지원서에 취미와 특기를 적는 난이 있었는데 취미는 영어 회화, 특기는 독서라고 써넣었지요. 면접관이 물었어요.

"김민식 씨, 이거 실수하셨네. 취미랑 특기를 바꿔서 쓰신 거 아닙니까? 취미가 독서고 특기가 영어 회화겠지."

면접관이 제 미끼를 물어버린 것이죠.

"저는 1년에 책을 200권씩 읽습니다. 제겐 독서가 특기입니다. 그리고 영어는 재미있어서 혼자 취미 삼아 공부했습니다. 제게 영어는 특기가 아니라 취미입니다."

결국 제가 취업에 성공한 것도 영어 덕분입니다.

삶의 표현양식을 더 풍부하게 해주는 확장자로 영어만 한 것도 없습니다. 요즘 해외 취업 이민을 준비하거나 아이 조기 유학 뒷바라지를 준비하는 분들이 많은데, 그런 분들에게도 영어가 성공의 관건입니다. 닥쳐서 부랴부랴 공부하면 여유가 없어요. 여유가 없는 공부는 즐겁지 않고, 즐겁지 않으면 잘 늘지 않습니다.

배낭여행 다니면서 워킹 홀리데이로 돈을 모아 여행 온 젊은 친구들을 많이 만났습니다. 똑같은 워킹 홀리데이라도 영어를 잘하느냐 못하느냐에 따라 일이 달라지고 생활이 바뀐다고 하더군요. 그러다 보면 삶도 바뀌고요.

삶은 언제 바뀔까요? 새로운 지식이 생겼을 때? 새로운 기술을 익혔을 때? 삶이 가장 크게 바뀌는 순간은 삶에 대한 태도가 바뀔 때입니다. 영어를 독학한 후 제 삶은 달라졌습니다. 영어 공부가 제겐 인생을 바꾸는 출발점이었어요. 100세까지 사는 인생입니다. 후반부에 어떤 인생이 펼쳐질지는 누구도 모르니 지금이라도 영어는 조금씩 공부해두자고요.

셀프 몰입
유학 캠프 24시

1980년대 말 대학에 다닐 때, 제 꿈은 미국 유학이었습니다. 저는 군인들이 대통령을 하는 한국이란 나라가 싫었고, 적성에 맞지 않는 공대라는 전공도 싫었고, 공부도 못하는데 무조건 의사가 되라고 강요하는 아버지도 싫었어요. 그 모든 것으로부터 탈출하는 최고의 길이 유학이었지요.

그런데 쉽지가 않더군요. 대학원으로 유학을 가자니 학부 성적이 모자라고, 전공을 바꾸자니 학부부터 다시 시작해야 하는데 비용이 감당이 안 되고. 가정 형편을 생각하면 유학은 포기하는 게 맞았지요. 하지만 유학이라도 가야 영어를 잘할 것 같아서 쉽게 포기가 되지 않았습니다.

그러다가 생각했습니다. 영어는 한국에서도 공부할 수 있지 않을까? 여기가 미국인 양 생활하면 그게 유학 아닌가?

학기 중에는 수업도 듣고 과제도 내고 이래저래 시간 관리가 힘듭니다. 하지만 방학은 마음먹기에 따라 하루 24시간을 온전히 내

것으로 쓸 수 있어요. '방학 동안 미국에 단기 유학 왔다고 생각하고 매일을 살아보면 어떨까?'

그래서 시작했습니다. 셀프 몰입 유학 캠프!

아침에 눈을 뜨면 AFKN 뉴스를 틉니다. 청계천에 가서 고물 흑백 TV를 중고로 3만 원 주고 사 왔어요. 당시만 해도 하숙방에 TV 있는 사람이 저뿐이라서 스포츠 중계가 있는 날엔 다들 제 방으로 몰려왔어요. 그래서 채널을 AFKN에 고정해놓고 다이얼을 펜치로 뽑아버렸습니다. 아예 다른 채널은 못 틀게 말이죠. 독한 놈이라고 다들 욕을 하더군요.

그래도 전 이렇게 생각했어요.

'욕먹어도 상관없다. 나는 영어를 배우러 미국에 온 유학생이다. 저들은 영어를 못하는 다른 나라 유학생이니, 굳이 말을 섞지 않아도 된다.'

방학이어도 학교 도서관에 가서 공부를 했어요. 학교에 갈 때는 그날 외워야 할 회화 표현을 손바닥만 한 메모지에 적고 중얼중얼 외우면서 걸었습니다. 열 번 정도 읽으면 그다음엔 보지 않고도 할 수 있어요. 하루 중 아무 때나 틈만 나면 중얼중얼 문장을 외웁니다. 다들 나를 미친놈 보듯 해도 상관없어요. 나는 미국에 유학 온 가난한 고학생이니까요. 미국까지 타고 온 비행깃값을 뽑으려면 독하게 공부해야 합니다.

　도서관에 앉아 영어 교재를 보며 '빡세게' 공부하다가 힘들다 싶어지면 쉬어야 합니다. 미녀와의 대화가 필요하지요. 도서관 뒤편 으슥한 곳으로 데이트하러 갑니다. 아이와(AIWA)라고, 추억의 일제 카세트 플레이어가 있어요. 그걸 꺼내 이어폰을 꽂고 테이프를 재생합니다. 아침 내내 걸어오면서 외운 그날의 회화가 들려옵니다. 원어민 여자 성우의 말을 들으면서 마치 내가 상대방인 양 다정하게 대화를 나눕니다. 책은 보지 않고 원어민의 발음에만 집중해서 서로 이야기를 나눕니다. 때론 여자 역할을 하며 목소리를 가늘게 해서 흉내도 내봅니다. 지나가던 커플이 미친놈 보듯 쳐다보네요. 상관없어요. 저는 미국에 유학 온 가난한 고학생입니다. 비싼 미국 생활비의 본전을 뽑으려면 독하게 공부해야 합니다.

　점심 먹고 나면 나른하고 피곤하지요. 쉬어야 합니다. 이때 스티븐 킹의 소설을 꺼내 들어요. 용산 미군기지 옆 헌책방에 가서 2,000원 주고 사 온 영문 페이퍼백입니다. 영어 직독 직해를 연습하는 데 최고의 텍스트지요. 스티븐 킹의 소설을 몰입해서 읽다 보면 머리가 쭈뼛쭈뼛 서면서 잠이 확 달아납니다. 남들은 고시 공부하느라 온갖 법학 개론을 쌓아놓고 공부하지만 저는 영문 페이퍼백 한 권을 펼쳐놓고 반나절을 보냅니다. 누가 흉봐도 상관없어요. 저는 미국에 유학 온 학생입니다. 미국에서 미국 소설 읽는 게 뭐가 이상해요?

오후 3시, 독해와 영작을 공부할 시간입니다. 자료실에서 복사해온 〈타임〉지 사설을 펼쳐놓고, 번역을 시작합니다. 번역이 끝나면 나가서 잠시 쉽니다. 운동장을 한 바퀴 돌면서 사설을 소리 내어 읽습니다. 마치 뉴스 앵커인 양 유창한 발음을 흉내 내면서 큰 소리로요. 누가 쳐다봐도 할 수 없어요. 저는 유학생이니까요. 가난한 나라에서 왔기에 더 독하게 공부하는 중입니다.

다시 자리로 돌아가, 번역한 한글 문장을 보면서 영작을 시작합니다. 분명 번역도 해보고 소리 내어 몇 번씩 읽은 문장인데도 기억이 나지 않네요. 그래도 열심히 영작을 시도합니다. 끝난 후에 원문과 맞춰봅니다. '아, 여기서 정관사가 또 빠졌네. 이 단어가 왜 그리 생각이 안 나지?' 기억을 못한 단어는 따로 단어장에 적어둡니다. 며칠간 집중 공략해야 하는 대상입니다.

힘든 공부가 끝나면 하숙집에 가서 저녁 먹고 좀 쉬어야 합니다. 저녁 먹을 땐 옆에 페이퍼백 소설을 펼쳐놓고 아까 읽던 부분을 이어 읽습니다. 괜히 다른 친구들이랑 대화를 나누면 영어 몰입 모드가 깨집니다. 철저하게 영어만 접하며 하루를 보냅니다. 식사가 끝나면 방으로 와서 TV를 틉니다.

저녁 7시면 AFKN에서 시트콤을 합니다. '〈프렌즈〉가 은근히 재미있네. 한국에는 왜 저런 시트콤이 없을까? 젊은 애들끼리 연애하

는 이야기, 한국에서 누가 저런 거 만들면 대박 날 텐데.'

챈들러의 한마디에 방청객이 웃음을 터뜨립니다. 나는 못 알아듣는데, 자기들끼리 웃으니까 자존심 상합니다. 아직도 리스닝이 약하군요.

다음 날 도서관에 가는 길에는 간밤에 녹음해둔 〈프렌즈〉를 듣습니다. '무슨 말이었기에 사람들이 그렇게 웃었을까?' TV 소리를 녹음한 거라 음질이 좋지 않지만, 들릴 때까지 끈질기게 반복해서 들어봅니다. 잘 들어보니 내가 아는 단어군요. 길에 서서 문득 이마를 칩니다. '아, 이 단어를 미국 애들은 이렇게 발음하는구나.' 큰일이라도 해낸 양 의기양양해집니다. 갑자기 마구 기뻐서 '앗싸!' 하고 혼자 주먹을 불끈 쥐기도 합니다. 사람들이 쳐다봐도 할 수 없어요. 나는 미국에 유학 온 학생이니까요.

도서관 앞에 고교 동창회 모임 안내 포스터가 붙어 있습니다. 지나가던 동창을 만났어요.

"야, 방학 때 고향에 안 내려간 친구들끼리 모여서 한잔하자는데, 너도 올 거지?"

친구 말에 씩 웃으며 고개를 젓습니다. 속으로는 이렇게 말했죠.

'I am sorry, but I am busy.'

모임은 무슨, 나는 미국에 유학 왔다. 한국 유학생과는 어울리지 않는다. 여기까지 와서 한국 유학생들이랑 놀 거면 그냥 한국에 있지 비싼 학비 내고 뭐하러 오나? 나한테 잘하자. 집도, 학교도, 나라도, 환경은 내 힘으로 바꿀 수 없지만 적어도 내 인생은 내 뜻대로 바꿔보자. 나의 삶, 나의 욕망에만 집중하고 살자고 다시 다짐합니다.

그렇게 방학 두 달 동안 영어만 미친 듯이 팠더니, 영어가 미친 듯이 늘었어요. 아, 정말 뿌듯하군요.

마지막으로 정산해봤습니다. 제가 아낀 돈이 얼만지 살펴보았어요. 미국 가는 비행깃값, 미국 대학 등록금, 미국 생활비 모두 그대로 남았어요.

'와, 방학 동안 돈 많이 벌었네!'

정말 뿌듯합니다. 셀프 몰입 영어 캠프, 완전 남는 장사예요. 여러분도 한번 해보세요. 뜻이 없지, 길이 없으랴!

2장

일단
한 권
외워보자

I hope that in this year to come, you make mistakes.

Because if you are making mistakes, then you are

making new things, trying new things, learning, living,

pushing yourself, changing yourself, changing your

world. You're doing things you've never done before,

and more importantly, you're doing something.

- Neil Gaiman

묻지도 따지지도 말고
무조건 외워라

초등학교 6학년 여름방학 때였습니다. 방학이 시작되자 고등학교 영어 선생님인 아버지께서 중학교 1학년 영어 교과서를 가져오셨습니다. ABC도 모르는 제게 다짜고짜 영어 교과서를 통째로 외우라고 하셨지요. 아버지의 영어 교수법은 정말 간단했습니다.

"문법 이해, 필요 없다. 유창한 발음, 필요 없다. 그냥 문장을 외워라."

당시 중학교 1학년 영어 교과서는 이렇게 시작했습니다.

I am Tom.

I am a student.

You are Jane.

You are a student, too.

더듬거리면서 외웠지요. 1과를 다 외우니까, 다음 날엔 2과를 외우라고 하셨습니다. 싫다고 하면 혼나고, 못 외우면 매를 맞았지요.

영어를 한 번도 배운 적이 없는 초등학교 6학년에게 중학교 1학년 교과서를 주고 무조건 외우라니, 이게 가능한가 하는 생각이 들었지요. 하지만 맞기 싫으면 외울 수밖에 없었습니다.

첫날 1과를 외웠습니다. 그래도 1과는 쉬워요. 둘째 날에는 2과를 외웠습니다. 저녁에 숙제 검사할 때는 1과와 2과를 동시에 외웠습니다. 셋째 날에는 1과, 2과, 3과를 외웠습니다. 진도 나갈 때마다 문장은 점점 더 어려워지고 양도 늘더군요. 그래도 하루 1시간만 집중하면 한 과는 충분히 외울 수 있었어요. 그렇게 방학 마지막 날이 되었습니다.

저는 대청마루에 아버지와 나란히 드러누워 천장을 바라보고 1과부터 소리 내어 줄줄 외워나갔습니다. 끝까지 외우는 데 1시간 반이 걸렸습니다. 다 끝나자 옆에 앉아 긴장된 표정으로 지켜보시던 어머니가 수박을 내오셨지요. 그게 저의 첫 번째 책거리였습니다.

이렇게 외웠더니 중학교 들어가서 영어는 따로 공부하지 않아도 첫 시험부터 내리 100점을 맞았습니다. 수업시간에 책을 소리 내어 읽노라면, 당시 울산 시골에서는 드물게 영어 발음이 좋다는 얘기도 들었습니다. 당연하지요. 보면서 더듬더듬 읽는 게 아니라 외운 걸 말하는 거니까요.

제가 아는 어떤 분은 영어를 참 잘해서 미국 와튼스쿨에서 MBA를 딴 후, 외국에서 일하고 있어요. 그분이 영어를 배운 과정도 비슷하다고 하시더군요.

"저희 어머니도 항상 새 학년 시작 전 자식들에게 영어 교과서를 외우게 하셨어요. 단 3과까지만요. 학기 초 자신감만 갖게 되면 알아서 한다 하셨죠. 때리는 대신 본인이 직접 줄줄 외우면서 모범을 보이셨지요. 설거지하며 4형제의 영어 교과서를 암기하시던 모습이 아직도 기억나요."

몇 년 전 초등학교 6학년이 된 큰딸 민지와 라오스로 여행을 간 적이 있어요. 그때 저는 민지랑 《가장 쉬운 중국어 첫걸음의 모든 것》(진현 지음, 동양문고)이라는 책에 나오는 회화 본문을 다 외웠어요. 둘이서 역할을 교대해가며 문장을 암송했습니다. 제가 막히는 부분에서 민지가 가르쳐주는 경우가 많았어요. 아이의 기억력이 저보다 좋더라고요. 둘이서 주거니 받거니 게임하듯 암송으로 경쟁했습니다. 아이와의 암송 경쟁에서는 져도 기분이 좋아요. 부모에게 아이와의 경쟁은 그런 것이지요. 아이에게는 어른인 부모보다 무언가 더 잘하는 것이 있다는 자신감을 심어주니, 그것 또한 좋고요.

중학교 영어 교과서에 나오는 문장들은 쉽고 간단해서 좋은 '말 부모'가 됩니다. 정해진 양을 매일 암기하면 영어가 술술 늡니다. 문법이나 발음을 까다롭게 따지면 영어가 어렵다는 그릇된 인상을 심어줄 수 있습니다. 아기가 처음 우리말을 배울 때도 틀린 문장과 어설픈 발음으로 시작하듯이, 외국어도 실수를 통해 배울 수 있도록 너그럽게 배려해주세요. 문장 암기, 영어 공부의 기초이자 정석입니다.

처음부터
거창할 필요는 없다

통역사 출신 PD라고 소문이 나자 회사에서 저를 찾아와 영어 잘하는 비결을 알려달라는 분들도 있습니다. 그럼 저는 물어봅니다.

"영어는 왜 공부하시려고요?"

그러면 대개 이런 대답을 해요.

"뉴욕에 가서 브로드웨이 뮤지컬을 마음껏 즐기려고요."

"유럽 여행 가서 현지 사람들하고 직접 영어로 소통하고 싶어서."

브로드웨이 뮤지컬에는 한글 자막이 없고, 여행 가서 직접 이야기를 나누면 가이드를 통해 듣는 것보다 훨씬 재미있으니까요.

그분들에게 저는 기초 회화책을 한 권 외워보시라고 권합니다.

쪽지를 활용하는 법, 의미 단락별로 문장을 끊어서 외우는 법 등 노하우를 다 알려드려요. 그럼 꼭 이렇게 묻는 분들이 있어요.

"그런데 기초 회화를 외운다고 뮤지컬 청취가 되나? '굿모닝, 하우 아 유?' 이런 것보다 더 심층적인 대화를 나누고 싶은데."

기초 회화가 탄탄해야 고급 회화로 갈 수 있고, 기초만 해도 어느 정도 의사소통은 가능하다고 말씀드리죠. 양에 안 차는지 질문이 또 이어집니다.

"기초 회화를 외운 다음, 수준 높은 영어를 공부하려면 어떻게 하나요?"

"그건 회화책을 한 권 다 외우신 다음에 말씀드릴게요. 6개월 후에 다시 찾아오세요."

그런데 다시 찾아온 사람은 아무도 없었습니다. 다들 영어 공부를 한다고 하면 무언가 거창한 방법이 있을 거라 생각합니다. 하루에 10문장만 외우라고 하면, 고작 그걸로 영어를 마스터할 수 있을까 의구심을 갖는 거죠.

《나는 고작 한번 해봤을 뿐이다》(김민태 지음, 위즈덤하우스)라는 책을 보면 저자는 일단 한번 해보는 것의 힘에 대해 이야기합니다. 큰 목표를 세우기 전에 일단 작은 과제를 하나 시도해봅니다. 미션을 완수하면 해냈다는 성취감을 느끼고, 이는 다시 다음 미션의 동기부여가 됩니다. 이렇게 계속 하나씩 성취해가다 보면 어느 순간 인생의 극적인 변화를 맛보게 되지요. 아무것도 하지 않으면 아무 일도 일어나지 않아요. 평범한 인생을 변화시키는 그 시작은 '한번 하기' 입니다.

또 한편으로는 책 한 권을 외우라고 하면 지레 겁을 먹습니다. 회화 교재 본문을 세 번만 소리 내어 읽어보세요. 읽고 난 후, 고개를 들고 한번 되뇌어보세요. 의외로 머릿속에 남은 문장이 많을 겁니다. 기억이 안 나면, 영어 대신 한글 번역을 보고 다시 원문을 떠올려보세요. 잘 안 되어도 실망하지 말고요. 첫술에 배부를 수 없잖아요. 짧은 시간이라도 매일 꾸준히 공부하는 게 중요합니다.

쉽고 간단하지만, 꾸준히 반복하면 책 한 권을 외우게 돼요. 책한 권을 외우면 영어가 술술 나오고, 해외여행 가서 회화 실력을 마음껏 발휘하다 보면 성취감과 보람에 뿌듯해지고 인생이 행복해집니다. 그 모든 시작이 '고작 한번 해봤을 뿐'인 겁니다.

그래도 여전히 궁금하지요?

'영어 초급 회화 교재를 외우고 나면 그다음에는 무엇을 할까?'

미리 궁금해하실 필요는 없습니다. 지금 이 순간, 내가 하고 있는 일에 집중하는 게 우선입니다. 일단 하루 한 과를 외우고, 한 달에 서른 개 상황을 외우고, 끝내 한 권의 책을 외우는 게 우선입니다. 첫 번째 관문을 통과하면 다음에는 스스로 과제를 찾아내게 되어 있습니다.

저는 《가장 쉬운 중국어 첫걸음의 모든 것》을 외우고 난 뒤, 같은
출판사에서 나온 다음 단계의 교재인 《중국어 초중급의 모든 것》
을 외우기 시작했습니다. 효과가 있는 방법이라면 계속 밀고 나가
야지요. 영어 연설문이나 〈TED〉, 드라마, 팝송 등 다양한 소스 중
에 본인이 좋아하는 것을 찾아가면 됩니다. 다만, 입이 완전히 트일
때까지는 될 수 있으면 암송법을 계속 밀고 나가길 권해드립니다.

인생의 행복이라는 거창한 목표도, 지금 이 순간 내가 할 수 있
는 일을 그냥 한번 해보는 것에서 시작합니다.

하루 10문장만
외워보자

'영어 회화, 어떻게 하면 잘할 수 있을까?'

분명히 아는 표현인데 막상 외국인을 만나면 입이 떨어지지 않는다고들 합니다. CNN 뉴스도 꽤 들리는 편인데, 말하기는 미국 초등학생 수준만큼도 안 된다고요. 우리가 들어서 아는 만큼만 영어로 말할 수 있어도 회화의 달인이란 소릴 들을 텐데 왜 말하기는 듣기보다 어려울까요?

이건 당연한 이야기입니다. 언어에는 듣고 이해하는 수동적 영역과 직접 표현하는 능동적 영역이 있어요. 우리의 모국어인 국어 능력을 봐도 평소 뉴스에서 듣고 이해하는 문장이 10개라면, 말할 때 쓰는 표현은 그중 셋도 안 됩니다. 평소 자신이 말하는 것을 돌아보세요. 내가 아는 한국어 표현을 다 쓰지 않습니다.

우리가 능동적으로 쓸 수 있는 언어의 표현은 이처럼 제한된 영역 안에서 이루어집니다. 국어도 아는 문장 10개 중 5~7개를 쓰고 말한다면 그 사람이 바로 명문장가요, 달변가가 됩니다. 평생을 통해 친숙해진 모국어도 이렇게 수동적 이해 영역과 능동적 표현 영역의 차이가 클진대 하물며 외국어는 오죽하겠습니까.

회화를 잘하는 방법은 정말 간단합니다. 내가 알아듣는 10개의 문장을 다 말로 할 수 있으면 됩니다. 분명 회화의 달인이 될 거예요. 어떻게 하면 그럴 수 있느냐고요? 쉽습니다. 내가 아는 문장 10개를 무조건 외워서 입에 달고 살면 됩니다. 공부 방법 중 가장 단순한 것이 암송입니다. 언제 어디서나 짬이 날 때마다 중얼중얼 외우면 되거든요. 출퇴근하면서 걸어갈 때, 저는 중얼중얼 영어 문장을 외웠어요. 하루에 딱 10개만 외운다고 생각하면 그리 힘들 것도 없어요. 다음 날에는 전날 외운 것에 덧붙여 새로 10개만 더 외우고요. 그다음 날엔 다시 10개를 추가하지요.

'오늘은 초급을 외웠으니 다음 주엔 중급 표현을 외워야지!' 이렇게 욕심낼 필요는 없습니다. 내가 외운 초급 표현의 양이 차고 넘치면 어느 순간 고급 표현이 나오는 것이지, 외워지지도 않는 긴 문장을 억지로 외운다고 고급 회화로 가는 것이 아니거든요.

출퇴근길에 매일 문장 10개씩 추가하며 중얼중얼 외우고 주말 저녁 한가할 때 마음잡고 앉아 그동안 외운 영어 문장 70개를 되짚어보는 겁니다. 이렇게 매일 10개씩 외우면 한 달에 300개의 문장을 외우게 됩니다.

하루 10문장 암송, 너무 간단해 보이나요? 이 학습법의 효과는 재테크에서 말하는 '복리의 마법'처럼 놀랍습니다. 복리로 이자가 붙듯, 처음 10개가 중요한 게 아니라 전날 외운 분량에 매일 10개씩 늘어간다는 게 암기 학습법의 핵심입니다. 이렇게 외워둔 문장은 언제 어떤 상황에서든 자신 있게 대화를 시작하는 밑바탕이 됩니다.

'내 머리로 한 달에 영어 문장 300개를 외운다고? 아이고, 머리야! 난 수학이나 물리는 되는데 영어는 영……' 하실 분도 있겠지요. 영어 잘하는 머리는 따로 타고난다고 생각한다면, 미국에 한번 가보세요. 거기서는 다섯 살짜리 아이도 영어를 합니다. 미국 사람 중에 "오우, 죄송해요. 전 머리가 나빠서 영어를 못해요" 하는 사람은 없잖아요.

언어는, 노력만 하면 누구나 잘할 수 있습니다. 과학 천재는 아무나 되지 못하지만, 외국어의 달인은 누구나 될 수 있습니다. 영어의 고수 되는 법, 왠지 만만하게 느껴지지 않나요?

기초 회화책 한 권을 통째 외우면 말문이 트입니다. 언제 어디서든 영어로 말할 수 있어요. 기초 회화는 수준이 낮은 문장이 아니라, 사용 빈도가 가장 높은 문장들입니다. 자기소개, 인사말, 날씨 묻기 등 언제 어디서나 써먹을 수 있는 표현들이지요. 《VOCA 22000》에 나오는 단어나 〈타임〉에 나오는 표현은 생활영어에서는 거의 써먹을 수 없습니다. 영어 회화는 회화 학원에 다녀야 배울 수 있다고 생각하는 분도 있는데요. 원어민 회화반은 내가 이미 아는 표현을 써먹는 곳이지, 모르는 표현을 배우는 곳이 아닙니다. 회화 수업에 들어가 원어민의 유창한 영어 실력을 구경만 하는 것보다 혼자서 책을 읽고 소리 내어 문장을 읽고 외우는 편이 낫습니다. 어학 실력은 능동적 표현의 양을 늘리는 데서 판가름 나니까요.

머리로 이해한 것을
외웠다고 착각하지 마라

몇 년 전 친한 여배우가 영어 공부를 하고 싶다고 회화책을 추천해 달라더군요. 기초 회화책을 한 권 추천해주었습니다. 그런데 그 책을 보더니 실망하는 눈치였어요. '굿모닝! 하우 아 유? 하우 두 유 두?'부터 시작하는 책이었거든요.

초급 회화부터 공부하라고 하면 누구나 '그 정도쯤이야' 하고 코웃음을 칩니다. 그럴 땐 간단한 셀프 테스트를 해볼 필요가 있습니다. 기초 회화책의 5과나 10과의 회화 본문을 펼치고, 영어 문장을 보지 않은 상태에서 한글 해석만 보고 영어로 말해봅니다. 완벽한 영어 문장이 나오면 다음 과로 넘어가 또 테스트해봅니다. 책 끝부분에 이르렀을 때도 제대로 말할 수 있다면 그 책은 공부 안 해도 됩니다. 다음 단계 책으로 넘어가면 됩니다.

100퍼센트 완벽한 수준은 아니지만 70퍼센트 정도는 말할 수 있다고 한다면, 어떻게 할까요? 그럴 때는 책을 외워야 합니다. 기초 회화를 70퍼센트 정도 한다는 것은 전치사 빼먹고, 관용구 틀리고, 그냥 아는 단어만 나열하는 겁니다. 기초 회화는 활용 빈도가 높다는 것, 즉 자주 쓰이는 문장이라는 뜻입니다. 완벽하게 입에 달고 살아야 합니다. 중급이나 고급 표현은 좀 틀려도 이해해주지만 기초 회화가 서툴면 영어 잘한다고 인정받기 힘들어요.

무언가 배울 때 가장 방해가 되는 것은 나 자신입니다. '이 정도는 알고 있지'라고 자신하는 순간, 새로운 것을 배울 기회가 사라집니다. 대부분이 기초 회화는 안다고 자신하지요. 하지만 책을 읽어 이해하는 것은 제대로 아는 것이 아닙니다. 문장을 보지 않고도 말이 나와야 언어를 아는 것입니다. 그렇지 못하다면 기초 회화부터 새로 외워야 합니다.

PD로 일하면서 연예인들을 자주 만납니다. 요즘은 한류 열풍으로 해외 행사나 해외 팬 미팅이 많아져서 영어 과외를 받는 배우나 가수도 많아요. 대개는 어려서부터 미국에서 살다 온 교포나 유학생들에게 과외를 받죠. 이들이 공부하는 모습을 들여다보면 안타까울 때가 많습니다.

영화 대본을 가지고 회화를 연습하기도 하고, 〈뉴욕타임스〉의 기사를 들고 번역을 공부하기도 합니다. 이건 선생과 학생 양쪽의 자기만족을 위한 공부일 뿐 효과는 적습니다. 사실 교포나 유학생은 영어를 가르치기에 좋은 선생이 아닙니다. 자신은 영어를 공부한 게 아니라 그냥 어려서 영어 사용 환경에 노출된 덕에 자연스럽게 습득한 것이거든요. 자신은 배우지 않고 절로 익힌 것을 남에게 가르친다는 건 쉽지 않습니다. 뭐든 쉽게 가르쳐주는 게 제일 어렵잖아요. 그래서 자신이 잘 아는 고급 영어를 가르칩니다. 실력 없는 선생이 어려운 문제를 들입다 내고 '왜 이걸 몰라?' 하면서 학생 탓을 하지요. 안타까운 건 배우는 사람도 스크린 영어나 신문 기사의 어려운 표현을 가르쳐주니 비싼 돈을 주고 과외를 받는 보람이 있다고 느낀다는 겁니다.

하지만 아무리 오래 배워도 그렇게 공부해서는 입이 잘 떨어지지 않아요. 결국에 가서는 '아, 역시 영어는 우리 선생님처럼 어려서 외국에 나가 사는 게 최고구나. 나이 들어서 영어 공부를 하기는 어렵구나' 하고 포기하게 됩니다. 고급 영어를 배우기보다 기초 회화를 외워야 하는데 말입니다.

아르헨티나에 혼자 배낭여행 갔을 때 일입니다. 이구아수 폭포 국립공원에 들어서니 지도가 있는데, 가장 중요한 정보를 못 찾겠더라고요. 바로, 내 위치 말입니다. 세상을 아는 것보다 더 중요한 게 세상에서 나의 위치를 아는 것이죠. 그런데 아무리 찾아도 내 위치가 안 나오더군요. 완전 패닉에 빠졌습니다.

그러다 어떤 글자가 눈에 띄었어요. 'Usted Esta Aqui.' 짧은 스페인어지만, 기초 회화 3과까지 외웠거든요. 《스페인어 첫걸음의 모든 것》(박기호 지음, 동양문고) 3과에 나오는 문장이 'Como esta usted?'였어요. 영어로 'How are you?'입니다. 가장 기초적인 인사말이죠. esta는 영어의 be 동사, usted는 '당신', aqui는 '여기'라는 뜻이에요. 그렇다면 'Usted Esta Aqui'는 'You are here'입니다. '찾았다, 내 위치!'

자, 이제는 스페인어로 아가씨에게 작업을 걸 수도 있어요. 마음에 드는 여성이 있으면, 손가락으로 상대를 가리킨 후 가슴을 두드리며 한마디 합니다. 'Usted esta aqui.' 이거 한국 드라마에 나온 대사인데 '너, 여기 있다' 이거죠. 반응이 별로면 얼른 크게 웃으면 됩니다.

이처럼 생소한 외국어라도 기초 회화 교재를 3과까지만 외우면 언제 어디서나 요긴하게 써먹을 수 있습니다.

명사 10개, 동사 10개, 형용사 10개만 알아도 10×10×10= 1,000, 즉 1,000개의 문장을 말할 수 있습니다. 나, 너, 여기, 저기, 간다, 원한다, 본다, 산다, 좋다, 나쁘다. 10개 단어를 알면 여행 가서 기본 의사소통은 다 됩니다. 가고 싶은 곳이 있으면 지도로 가리키면서 '나 저기 간다', 풍광이 아름다우면 '나 여기 본다, 좋다'라고 하면 되죠. 새로운 언어를 배울 때 문법은 너무 신경 쓰지 않아도 됩니다. 주어 동사 목적어, 순서대로 나열하면 그만이에요.

아르헨티나 엘 찰텐에서 트레킹하던 날, 2만 원짜리 도미토리(공동 숙소)에서 묵었습니다. 2층 공용 공간 소파에 앉아 책을 읽는데 이런 경고문이 눈에 띄었어요.

'Sorry, Is not allowed eat here.'

보고 빵 터졌습니다. '미안하지만 여기서 음식을 드시면 안 됩니다'라는 말을 하고 싶었던 것 같긴 한데 문구를 구글 번역기로 돌렸나 봐요. Sorry, 'it' is not allowed 'to' eat here가 맞습니다. 그런데 거기서 it과 to가 빠지니까 'Sorry is not allowed(사과는 용납되지 않는다), eat here(여기서 먹어)'가 되고 말았어요. 의역하자면 '미안해하지 말고, 그냥 여기서 먹어'가 됩니다.

단어만 나열하다 보면 이렇게 전혀 반대의 뜻이 되기도 합니다. 물론 문맥에 따라 대충 이해는 하겠지만, 영어 잘한다는 소리는 듣기 힘들지요. 이게 구글 번역기의 치명적 맹점이 아닐까 싶습니다. 기초 회화에서는 이렇게 to 부정사나 전치사 같은 간단한 단어도 빼먹으면 안 됩니다.

기초 회화, 교재 한 권 100퍼센트 암기로 완벽하게 정복합시다!

어떤 책을
외우면 좋을까

저는 '공짜로 할 수 있는 일을 굳이 돈 들여 하지 말자'가 삶의 모토인 짠돌이입니다. 오죽하면 제가 운영하는 블로그 제목이 '공짜로 즐기는 세상'이겠어요. 제가 방위병으로 근무하던 시절에는 회화 교재도 많지 않았지만, 교재도 돈 주고 사기보다 공짜로 직접 만드는 방법을 택했지요. 라디오에 나오는 EBS FM 영어 회화를 아침마다 녹음했어요. 그렇게 녹음한 걸 한 문장 한 문장 받아 적으면 나만의 교재가 완성됩니다. 도서관 정기 간행물실을 찾아 일간 신문에 나오는 '오늘의 생활영어'를 노트에 옮겨 적어 외우기도 했습니다.

공부를 하는 데 교재는 중요하지 않아요, 공부하려는 의지가 중요하지요. 다만 라디오 방송이나 신문 연재를 교재로 삼는다면 목표를 정해놓고 공부하기가 힘들어요. 다람쥐 쳇바퀴처럼 무한 반복되는 느낌이거든요. 그런 점에서 요즘 저는 한 권의 교재를 정하고, 그 책을 통째로 외우는 편을 선호합니다. 이제 책에 쓰는 돈은 아까워하지 않아요. 그건 소비가 아니라 미래를 위한 투자니까요.

서점에 가서 회화 교재를 뒤져봤습니다. 예전에 비해 요즘은 좋은 책이 참 많아요. 시중에 나온 영어 회화 교재를 살펴보니 크게 두 종류로 나뉘더군요. 회화의 패턴을 나열해서 패턴 중심으로 익히자는 쪽과 문법을 체계적으로 공부해서 회화의 틀을 갖추자는 쪽, 다시 말해 쉽게 공부하는 책과 어렵게 공부하는 책, 이렇게요. 둘 다 장점이 있지요. 쉬운 책은 술술 잘 읽히기에 진도 나가기에 좋습니다. 어려운 책은 펴놓고만 있어도 왠지 뿌듯한 기분이 들죠. 하지만 책에 좋은 표현이 얼마나 많이 담겼느냐보다 더 중요한 것은 그 표현을 얼마나 많이 써먹을 수 있느냐입니다.

매일 몇 시간씩 책을 붙잡고 공부하고, 학원에 다니며 강사의 설명을 들을 수 있는 대학생이라면 어려운 책으로 공부하는 것도 괜찮겠지요. 하지만 일과 중 자투리 시간을 내어 공부하는 직장인이나 주부라면 크고 두꺼운 문법책은 공부하다 질려서 금세 포기하기 쉽습니다. 그리고 쉬운 패턴 회화 교재는 공부하기는 편한데 암기하기가 쉽지는 않지요.

패턴 회화의 예를 들어보겠습니다.

I didn't mean to~.

~하려는 의도는 없었어요.

I didn't mean to **hurt your feelings.**

기분 상하게 할 의도는 없었어요.

I didn't mean to **delay the project.**

프로젝트를 늦출 의도는 없었어요.

I didn't mean to **be in your way.**

방해할 의도는 없었어요.

패턴 회화에서는 문장을 이렇게 하나하나 따로따로 외워야 합니다. 이렇게 해서 책 한 권을 통째로 외우기는 정말 쉽지 않아요. 이렇게 토막 난 문장보다는 주고받는 대화로 이어지는 상황을 외우는 것이 쉽고 편합니다. 《영어회화 100일의 기적》(문성현 지음, 넥서스)에 나오는 본문을 예로 보겠습니다.

A Sorry to keep you waiting. So where were we?

B We need to fix the date for the next meeting.

A When is the most convenient time for you?

B Too bad I'm not able to make time this week.

A Try to look on the bright side.

B Got it. Keep me posted on your progress.

A 기다리게 해서 미안해요. 어디까지 얘기했죠?

B 다음 미팅 날짜를 확정해야 해요.

A 언제가 가장 편한 시간이죠?

B 안타깝게도 이번 주는 시간을 낼 수가 없어요.

A 긍정적으로 생각 좀 해봐요.

B 알았어요. 진행 상황을 계속 알려줘요.

이렇게 주어진 상황이 있으면 문장을 외우기가 훨씬 쉽습니다. 집에 있는 회화책이나 아이의 중학교 영어 교과서를 보면 이런 대화 상황이 많습니다. 그걸 외우는 것도 좋은 방법입니다.

'집에 회화 교재도 없고, 마음먹은 김에 책 한 권 새로 사서 외우고 싶다!'라고 결심한 분이라면 방금 소개한《영어회화 100일의 기적》을 추천합니다. 100일 동안 매일 하나의 회화 상황을 공부할 수 있어서 좋습니다. 문법 설명보다는 시작부터 바로 회화 공부에 돌입하니까 처음부터 공부하는 보람을 느낄 수 있다는 점도 좋고요.
100일간 매일 한 과씩 외운다면 분명 '영어 회화의 기적'을 맛보실
수 있을 겁니다.

의미 단락별로
끊어서 외워라

책 한 권을 외운다고 하면, 처음엔 좀 어렵게 느껴질 수 있습니다. 과제가 어려울 때는 잘게 나누어 공략하는 것도 방법입니다. 책을 외운다고 생각하지 말고, 하루에 문장 몇 개를 반복해서 소리 내어 읽는다고 생각해보세요. 다시 한 번 앞에서 살펴본 문장을 볼게요.

A   Sorry to keep you waiting. So where were we?

B   We need to fix the date for the next meeting.

A   When is the most convenient time for you?

B Too bad I'm not able to make time this week.

A Try to look on the bright side.

B Got it. Keep me posted on your progress.

자, 기상 후 30분만 투자하면 이 정도는 암송할 수 있습니다. 한 번에 다 외워지지 않는다고 걱정할 필요는 없습니다. 한 번에 다 외우는 것보다 오히려 짬짬이 반복하는 게 더 좋습니다. 일과 중 자투리 시간을 활용하기 위해 커닝페이퍼를 만듭니다. 앞의 본문을 쪽지로 만든다면 다음처럼 영문 순서대로 의미 단락으로 끊어서 한글 단어를 적습니다.

A 미안, 기다리게 해서. 어디?

B 날짜 잡자, 다음 미팅.

A 언제, 가장 편한 시간?

B 안타깝네, 시간 없어, 이번 주.

A 시도, 보는 것, 좋은 쪽.

B 알았어. 나에게 알려줘, 너의 진행 상황.

이렇게 적은 쪽지를 보고 영어 문장을 떠올리는 게 암송 공부의 핵심입니다. 이렇게 외우면, 영문 독해할 때도 자연히 영어 어순대

로 해석하는 '영어 순해'의 습관이 길러집니다. 영어와 한글의 어순
이 반대라고, 문장을 끝에서 거슬러 번역해 버릇하면 원서를 읽을
때 흐름이 자꾸 끊기고, 회화를 할 때도 반응이 느려집니다.

A Sorry to / keep you / waiting. So where were
we?

B We need to / fix the date / for the next
meeting.

A When is / the most convenient time / for you?

B Too bad / I'm not able to / make time this
week.

A Try to / look on the bright side.

B Got it. / Keep me posted / on your progress.

이렇게 의미 단락별로 영어를 떠올린다면, 한 문장에 포함된 회
화의 패턴 2~3개를 한꺼번에 외우는 셈입니다. 실전 회화에서는
다음과 같이 응용할 수 있습니다.

We need to / make time / this week.
우리는 해야 해. / 시간 내기 / 이번 주

이번 주에 시간을 내야 해요.

Too bad / I'm not able to / fix the date. / Too busy.

안타깝네. / 할 수 없어 / 날짜 잡기 / 너무 바빠

안타깝지만 날짜를 잡을 수가 없어요. 너무 바빠서요.

Try to find / the most convenient time / for both of us.

한번 찾아봐 / 가장 편한 시간 / 서로에게

서로에게 가장 편한 시간을 한번 찾아봐요.

이렇게 문장 10개를 외우면 패턴 회화 20~30개를 숙지하게 되고, 패턴 20~30개를 다시 수백 개의 새로운 문장으로 응용할 수 있습니다. 한글 전체 문장과 영어 문장을 일대일 대응으로 외우면 영어 10문장이 우리말 문장 10개로 바뀌지만, 의미 단락으로 끊어 외우면 10개 문장이 300개 문장으로 활용됩니다.

매일 아침 공부한 내용은 이런 식으로 쪽지에 적어두세요. 의미 단락별로 나눈 한글 단어를 보고 영어 문장을 떠올리는 게 암송 학습의 핵심입니다.

영어 공부의 맹점

칸 아카데미(Khan Academy)의 창시자 살만 칸은 멀리 떨어져 사는 조카들에게 인터넷으로 수학을 가르쳤는데요, 처음엔 스카이프 영상 통화로 가르쳤어요. 그러다 아이들과 시간을 맞추는 게 힘들어서 그냥 일방적으로 설명하는 영상을 찍어서 유튜브에 올렸어요. 조카들은 실시간 통화 과외보다 유튜브로 공부할 때 훨씬 더 좋다고 말했답니다. 실시간 영상에서는 삼촌이 "그래서, 이게 무슨 말인지 알겠어?" 하고 물었을 때, 모르면 당황하곤 했거든요. 그런데 유튜브로 보면 이해가 안 가는 대목은 몇 번이고 다시 볼 수 있고, 공부를 하다가 진도가 안 나가면 쉬었다가 할 수도 있고, 무엇보다 모르는 대목을 스스로 확인할 수 있어 좋았다는 겁니다.

공부에 대한 오해를 살펴보는 책《어떻게 공부할 것인가》(헨리 뢰
디거 등 지음, 김아영 옮김, 와이즈베리)를 보면, 심리학자들이 '지식의 저
주(the curse of knowledge)'라고 부르는 현상이 나옵니다. 자신이 이
미 능숙하게 익힌 지식이나 기술을 다른 사람이 처음으로 배우거
나 과제를 수행할 때 더 짧은 시간이 걸리리라고 생각하는 경향을
가리킵니다.

원어민 영어 교습도 같은 문제를 안고 있습니다. 원어민 영어 교
사는 자신이 영어를 어떻게 배웠는지 우리에게 설명해줄 수 없어
요. 우리가 우리말을 아기에게 어떻게 가르치나요? 국어 문법을 가
르치고 말의 원리를 설명하나요? 아니에요. 오랜 시간을 두고 애정
어린 말을 던지고, 아이의 옹알이에 귀를 기울이며 "그렇지, 그렇
지" 하며 자꾸 맞장구치고, 바른 표현을 다시 들려주면서 가르치잖
아요. 영어 회화반의 원어민 강사는 우리를 엄마 아빠처럼 대하지
않아요. 자신은 선생이고 우리는 학생입니다. 그래서 '어? 왜 이런
간단한 말도 못 알아듣지?' 하고 생각하지요. 앞서도 말했듯이 원
어민반은 평소 자신이 외운 표현을 써먹는 곳이지 새롭게 무언가
를 배우는 곳이 아닙니다. 많은 이들이 공부를 하려면 면대면 접촉,
즉 선생과 일대일 수업이 좋다고 생각합니다. 하지만 오히려 가장
효율적인 공부는 스스로 하는 것입니다. 다만, 혼자 암송 공부를 할

때 주의할 점도 있습니다.

> 많이 들어본 것 같은 이야기를 들을 때 우리는 안다는 느낌
> (the feeling of knowledge)에 빠지고 그 착각이 사실이라고 믿는
> 실수를 저지를 수 있다.
>
> 유창성 착각(fluency illusion)은 텍스트에 유창한 것을 내용에
> 숙달한 것으로 착각하는 데서 일어난다. 예를 들어 어려운 개
> 념을 특히 명료하게 표현한 자료를 읽는다고 해보자. 자료를
> 읽으면서 그 개념이 정말로 간단하다고 생각할 수 있고 다 아
> 는 것이었다는 생각마저 들 수 있다. 앞서 언급했듯 교재를 반
> 복해서 읽는 방식으로 공부하는 학생들은 교재를 여러 번 읽
> 어서 익숙한 것을 그 과목에 대해 이용 가능한 지식을 얻은
> 것으로 착각할 수 있고, 그 결과 자신이 시험에서 얻을 성적을
> 과대평가하게 된다.
>
> - 《어떻게 공부할 것인가》(헨리 뢰디거 등 지음, 김아영 옮김, 와이즈베리)

영어 암송 복습을 할 때, 교재를 보면서 하면 영어 문장이 쉽게
떠오릅니다. 그러면 자주 본 문장이고 익숙하니까 그 표현을 '안다'
고 생각합니다. 하지만 이는 단기 기억을 인출한 것이지 장기 기억
에 보관된 게 아닙니다. 책을 보지 않고 한글로 적어둔 쪽지의 단

서만 보고 영어 문장을 기억할 수 있어야 제대로 내 것이 됩니다. 나아가서, 쪽지도 보지 않고 그 과의 주제만 보고 전체 과를 암송할 수 있는 수준까지 올라가야 합니다. 그래야 유창성 착각을 피할 수 있어요.

암송 공부를 할 땐, 책을 보지 말고 눈을 감고 문장을 외우세요. 그게 진짜 공부입니다.

회화 암송은
드라마 연기하듯이

문장 암기가 말처럼 쉽지는 않지요. 배우들은 그 긴 드라마 대본을 어떻게 외울까요? 배우 소이현 씨를 보면, 대기실에 앉아 설렁설렁 놀면서 수다를 떠는 것 같은데 촬영에 들어가면 대사 NG를 내는 법이 없어요. 하도 신기해서 물어봤어요.

"어쩌면 그렇게 대사를 잘 외우나요?"

"감독님, 저는요, 문장을 외우는 게 아니라 상황을 이해해요. 아, 난 지금 이런 상황에 처했구나. 상대의 감정은 이렇고, 극중의 나는 이런 감정이구나. 그 감정에 푹 빠져 있으면 상대가 말을 하면 몸이 저절로 반응해요."

회화 암기도 마찬가지입니다. 개별 문장을 무작정 외우기보다 전체 상황을 이해하면 암기가 쉬워집니다.

앞에서 예로 든 문장을 다시 한 번 살펴볼게요.

A Sorry to keep you waiting. So where were we?

B We need to fix the date for the next meeting.

A When is the most convenient time for you?

B Too bad I'm not able to make time this week.

A Try to look on the bright side.

B Got it. Keep me posted on your progress.

A 기다리게 해서 미안해요. 어디까지 얘기했죠?

B 다음 미팅 날짜를 확정해야 해요.

A 언제가 가장 편한 시간이죠?

B 안타깝게도 이번 주는 시간을 낼 수가 없어요.

A 긍정적으로 생각 좀 해봐요.

B 알았어요. 진행 상황을 계속 알려줘요.

새로운 지식을 외울 때 맥락을 만들어야 암기가 쉽습니다. 역사를 배울 때 이야기의 흐름을 알면 외우기가 쉬운 것처럼 말이죠. 정보와 정보 사이를 연결하는 의미를 부여하는 것이 장기 보존 기억을 만드는 비결입니다. 마찬가지로 문장과 문장 사이를 연결하는 이야기를 만들면 별개의 영어 문장도 암기하기 쉬워집니다. 앞의 회화 문단을 로맨틱 코미디의 한 장면으로 바꿔보죠.

드라마 대본은 어떻게 만들까요? 먼저 캐릭터를 만듭니다. 등장인물에 성격을 부여하는 것이지요. A를 매력적인 여성이라고 상상해봅시다. (MP3에서 흘러나오는 원어민 성우에 대해서도 그렇게 상상하면 청취하기가 더욱 즐거워집니다.) B는 외모는 볼품없지만, 알고 보면 연애의 고수인 남자라고 가정하고요. (절대 제 캐릭터를 투영한 게 아닙니다.)

예쁜 외모 때문에 남자들에게 항상 시달려온 여자 A, 업무상 만난 협력사 직원 B가 자꾸 들이대니까 살짝 부담스러워서 회의 중 잠깐 자리를 비웁니다. 그동안 B가 작전을 수정해요. '아, 너무 들이댔나 보다. 작전상 후퇴!'

남자 B를 피해 자리를 비웠던 여자 A, 돌아와서 시큰둥하게 물어봅니다.

A Sorry to keep you waiting. So where were we?

기다리게 해서 미안해요. 어디까지 얘기했죠?

남자 B, 슬쩍 물러나는 척 다음 약속을 잡으려 하지요.

B We need to fix the date for the next meeting.
다음 미팅 날짜를 확정해야 해요.

여자 A, 썩 내키지는 않지만 업무상 필요하니까 마지못해 묻지요.

A When is the most convenient time for you?
언제가 가장 편한 시간이죠?

여자의 시큰둥한 반응에 남자 B, '밀당(밀고 당기기)' 전략을 펼칩
니다. 알고 보면 나도 바쁜 남자라고요.

B Too bad I'm not able to make time this week.
안타깝게도 이번 주는 시간을 낼 수가 없어요.

갑자기 남자가 튕기니까, 여자 A는 당황합니다. 부장이 이번 주 안
으로 결과물을 달라고 했거든요. 생각해보니 아쉬운 건 이쪽이네요.

A Try to look on the bright side.

긍정적으로 생각 좀 해봐요.

좀 봐달라는 여자의 부탁에 남자 A, 못 이기는 척 물러납니다.

B Got it. Keep me posted on your progress.

알았어요. 진행 상황을 계속 알려줘요.

"알았어요"라고 말하지만 정작 날짜는 안 잡네요. 뜸을 들이려는 속셈이지요. 이 남자, 은근 고수인걸요?

먼저 인물에 성격을 부여하고(캐릭터) 둘 사이에 상황을 만들면(시추에이션) 이야기의 흐름에 긴장이 생기고 문장 간에 맥락이 생깁니다. '캐릭터 + 시추에이션 = 드라마', 이렇게 되는 거죠.

자, 이제 여러분이 직접 드라마 작가가 되어 회화 상황에 이야기의 숨결을 불어넣어 보세요. 회화 책을 읽을 때도 배우가 연기하듯 감정을 넣어 읽어보세요. 발음도 좋아지고, 억양이 한결 자연스러워집니다. 회화 암송으로 우리 모두 드라마의 주인공이 되어봅시다.

이야기와 이미지를
함께 떠올려라

몇 년 전 한·중·일 PD 포럼에 초청받아 '한국 드라마 포맷의 새로운 경향'이라는 주제로 기조연설을 한 적이 있습니다. 그때 중국 방송 관계자들이 "중국에서 한류 드라마가 인기인데, 한국 드라마의 힘은 어디에서 나오는가?"를 물었어요. 저는 한국은 전통적으로 이야기 산업이 강한 나라라고 답했습니다. 500년간 기록된 《조선왕조실록》의 예를 봐도 알 수 있듯, 우리는 단일민족으로서 공통의 이야기를 오래도록 공유해왔습니다. 역사적 경험을 공유하기에 사극 등 다양한 장르의 드라마가 발전할 수 있지 않았을까요?

일본이나 중국의 방송 관계자가 보기에 한국 방송 포맷의 성공은 신기할 정도입니다. 한국 방송 시장은 산업적인 면에서 약점이 많거든요. 기본적으로 어떤 산업이 발달하려면 시장이 존재해야 합니다. 미드(미국 드라마)가 발전한 건 영어라는 언어 포맷 덕분에 전 세계에 수출 시장이 있기 때문이죠. 일본도 인구가 1억이 넘기에 자국의 드라마를 소화할 수 있는 내수 시장이 존재합니다. 남미의 TV 연속극인 텔레노벨라(telenovela)가 성장한 이유도 세계적으로 분포한 스페인어 사용 인구 덕분이죠.

그렇다면 한국어는 어떨까요? 한국어를 쓰는 이웃 나라가 딱 하나 있는데, 수출이 안 되죠. 북한 말입니다. 심지어 그곳에서는 우리 드라마를 보다가는 잡혀갈 수도 있죠. 이렇게 내수 시장이 열악한데도 드라마가 산업적으로 발달하고 수출경쟁력까지 얻은 건 어떤 힘에 의해서일까요? 다 시청자 여러분의 드라마 사랑 덕분입니다. 직업이 PD라 검색창에서 '일간 시청률'을 자주 찾아봅니다. 전날 방송된 프로그램 중에서 시청률이 가장 높은 건 무엇일까요? 보통 일간 시청률 탑 10 중에 7편이 드라마입니다. 예능, 다큐, 뉴스 등 TV 프로그램의 장르가 다양하지만 우리나라 시청자들이 가장 좋아하는 장르는 역시 드라마입니다.

일본에서는 시청률 탑 20 안에 드라마가 겨우 2~3편 들어갑니다. 중국도 비슷하고요. 한국 시청자만큼 드라마를 사랑하는 분들도 없어요. 그 덕에 한국의 드라마 산업이 발전한 거지요.

우리나라 사람들은 어려서부터 어른들이 들려주는 옛날이야기를 좋아합니다. 치맥 등을 즐기는 술자리 문화도 실은 공통의 이야기를 만들고 즐기는 시간이라 할 수 있습니다. 그게 김 부장 뒷담화가 되었든, 연예인 가십이 되었든 말입니다. 우리 국민이 이야기를 그토록 좋아하는데도 소설이나 수필은 그만큼 팔리지 않습니다. 천만 영화도 있고, 시청률 30퍼센트가 넘는 드라마도 많지만 소설이나 수필 같은 활자 콘텐츠는 시장에서 큰 힘을 발휘하지 못하거든요. 이야기 못지않게 이미지의 힘도 중요합니다.

영어 문장을 외울 때도, 이미지의 도움을 받으면 좋습니다. 단순히 활자를 머릿속에 욱여넣는다고 생각하기보다 대화가 이루어지는 상황을 그림으로 그려보는 거예요. 예전에 제게 일본어를 가르쳐주신 할머니가 한 분 계십니다. 그분은 항상 그림을 활용해서 문장을 외우게끔 하셨어요.

여기 책상이 있습니다. 책상 위에는 책이 몇 권 있습니까?
두 권 있습니다.
책상 아래에는 무엇이 있습니까?
고양이가 있습니다. 흰 고양이입니까, 검은 고양이입니까?

방에는 문이 몇 개 있습니까?

한 개 있습니다.

창은 몇 개 있습니까?

두 개 있습니다.

일본어 기초 문법을 설명하는 책의 교과 내용입니다. 이 문장을 복습할 때는 책을 덮고 그림을 한 장 보여줍니다. 그림에는 방이 있고, 문과 창과 책상이 있어요. 선생님은 먼저 그림 속 책상을 손가락으로 짚습니다. 그럼 제가 일본어로 말을 하지요.

"여기 책상이 있습니다."

선생님은 다시 책상 위 책들을 가리키고 제가 말합니다.

"책상 위에는 책이 몇 권 있습니까?"

그럼 선생님이 손가락을 두 개 펴 보입니다. 제가 말합
니다.

"두 권 있습니다."

다시 책상 아래를 가리킵니다. 또 제가 말하죠.

"책상 아래에는 무엇이 있습니까?"

이렇게 몇 번 반복하면 그림만 봐도 문장이 순서대로 술술 나옵

니다. 글자나 단어를 외우려고 하는 것보다 그림을 연상하면 문장이 더 쉽게 떠오릅니다. 외국어 문장을 외울 때 가장 좋은 방법 중 하나가 이미지를 그려보는 것입니다.

기초 회화 교재를 보면 회화가 이루어지는 상황을 보여주는 삽화가 들어가 있는데요, 이게 다 문장의 암기를 도와주기 위해서입니다. 대화의 상황을 드라마로 만들어 이미지로 기억하세요. 그것이 오래 기억되는 정보를 만드는 비법입니다.

받아쓰기를 해보면
영어 실력이 보인다

방위병 시절, 영어 성경을 외우는 일은 쉽지 않았습니다. 재미도 없고, 들인 공에 비해 효과도 적더군요. 그래서 퇴근 후 공부할 수 있는 영어 회화 교재를 찾았어요. 당시에 회화 교재로 유명했던 건 시사영어사에서 나온 《Michigan Action English》였어요. 50만 원에 육박하는 고가였지요. 그 시절에는 이런 고가의 테이프를 방문판매하는 사람도 있었어요. 대학교 정문 앞에서 가두판매도 했고요. 너무 비싸 감히 살 엄두가 안 났는데 친구 중에 할부로 그 교재를 산 녀석이 있었어요. 그 친구가 입대한다는 소식에, "너 군대 있는 동안 내가 잘 보관해줄게" 하고 테이프를 빌렸습니다. 울산에서 방위 근무를 할 때 그 테이프를 매일 저녁 들었습니다. 영한 대역 성경책보다는 공부하기가 훨씬 수월했어요.

회화 교재로 공부하면, 처음에는 만만해서 좋습니다. 어느 교재나 초반에는 "Good morning, how are you?" 정도로 가볍게 시작하니까요. 비싼 교재일수록 뒤로 가면서 심하게 어려워지죠. 비즈니스나 실생활에서 쓰이는 고급 표현들이 나오거든요. 물론 책을 사서 한번 죽 훑어보면 흐뭇하긴 합니다. '이 책만 다 떼면 이런 고급 회화도 가능해진다는 거지?' 하는 생각에 말이죠. 죄송하지만, 김칫국 심하게 드시는 겁니다. 눈으로 읽고 그냥 듣고 넘어가는 학습법으로는 절대로 고급 회화까지 못 갑니다.

교재를 보고 회화를 들으면 다 이해하는 것 같지만, 실은 들리는 단어만 들리고 안 들리는 단어는 죽어도 안 들립니다. '초급 회화 정도는 다 알아듣지!' 하고 장담하시는 분은 책을 덮고 받아쓰기를 해보세요. 무슨 뜻인지 분명 아는 문장인데도 받아쓰려고 하면 의외로 안 들리는 부분이 많아요. 평소 우리는 단어 몇 개 알아들은 것으로 전체 문장의 뜻을 유추합니다. 받아쓰기를 해보면 전치사가 빠지거나 정관사가 틀리거나 그럽니다. 다시 강조하지만, 기초 회화를 외워야 해요. 그래야 문법의 틀이 머릿속에 들어섭니다. 초급 회화 쉽다고 설렁설렁 넘어가면 나중에 고급 회화 가서 고생합니다.

당시엔 영어 청취 훈련을 위해서는 '받아쓰기'를 하면 좋다는 얘기가 많았어요. 그래서 테이프를 듣고 교재를 직접 써보겠노라 마음먹었지요. 책이 있으면 받아쓰기를 하다 안 들릴 경우 금세 포기하고 책을 찾아볼 것 같았어요. 그래서 친구에게 교재를 빌릴 때 책은 두고 테이프만 빌렸어요. 책이 없으니 무조건 듣기만으로 문장을 추론해야 했습니다.

받아쓰기로 책을 완성하기가 쉽지는 않았습니다. '우유 한 잔', 그러니까 'glass of milk'를 저는 늘 '글래스 오브 밀크'라고 읽었습니다. 하지만 받아쓰기를 해보니 원어민 발음은 '글래써 미역'처럼 들리더군요. "그랬어, 미역?" 속으론 '파래도 아니고 미역한테 시비 거는 거냐?' 하고 궁시렁거렸죠.

처음에 전 이런 단순한 문장도 받아쓸 수 없었습니다. 자꾸자꾸 반복해서 들으면서 차츰 깨달았지요. 영어에서 단어 끝에 오는 자음은 소리가 죽고, 자음 앞에 있는 L은 묵음이 된다는 사실을요. '글래써 미역'을 듣고 'glass of milk'를 찾아가는 과정. 받아쓰기 공부는 결국 내 머릿속 국산 영어와 이별하고 원어민 영어를 만나러 가는 과정이었지요. 안 들리는 단어가 있을 때는 소리로 유추해가며 철자를 조합했어요. 그리고 사전을 뒤져보는 거지요. 영어는 표음문자이기에 아무리 어려운 단어라도 다 찾아낼 수 있습니다.

책이 없으니 답을 확인할 길이 없어 엉뚱한 단어를 만들어내기도 했어요. "장거리 비행을 했더니 '짓랙' 때문에 피곤하다"는 문장이 있는데, '짓랙'이 뭔지 모르겠더군요. 사전을 아무리 찾아도 비슷한 단어를 못 찾겠더라고요. 곰곰이 생각해봤지요. 만화를 보면 잠잘 때 'ZZZZZ'라고 쓰잖아요. Z는 잠이고, 'lack'은 '부족'이니까, 수면 부족을 'Z lack'이라고 부르나 보다 하고 생각했지요. 나중에 교재를 펼쳐보니 'jet lag'이라는 단어가 있더군요. 우리말로 '시차'입니다. 제트기가 나오고 단시간에 장거리 비행이 가능해지자 출발지와 도착지 사이 시간대가 바뀌는 것에 여행자가 미처 적응하지 못하는 것을 말합니다. '제트기(jet) 때문에 뒤처지다(lag)'라는 의미로 'jet lag'이라는 단어가 나온 거죠. 정말 끈질기게 찾았어요. 사전에 없는 단어를 만들어내기까지 하면서.

이렇게 받아쓴 문장은 다음 날 바로 외웠습니다. 받아쓰기를 하느라 몇 번씩 반복해서 들은 문장이라 그런지 외우는 데 힘들지는 않았어요. 초급 회화부터 한 문장 한 문장 놓치지 않고 다 외웠더니 뒤로 갈수록 수월했답니다. 초급 회화를 몽땅 외우면, 사용 빈도가 높은 문장이 다 숙달되면서 나중에 고급 편에 가서도 전혀 힘들지 않아요.

회화 교재 한 질을 받아쓰고 통째로 외운 후부터 갑자기 귀가 틔고 말문이 열리더군요. 정말 신기했어요. 극장에 갔는데, 갑자기 할리우드 배우들이 내게 말을 걸어오는 겁니다. 자막을 안 봐도 들리더군요. 길에서 우연히 외국인을 만나면 입에서 영어가 줄줄 나오는 겁니다. 영어로 귀가 열리고 말문이 틔던 순간의 기쁨을, 지금도 저는 잊지 못합니다.

영어 잘하는 척하는
비결

"영어 잘하는 비결이 뭐예요?"라고 누가 물어보면, 저는 "영어 잘하는 척하면 됩니다"라고 말합니다. 영어는 잘하는 것보다 잘하는 척하는 게 더 중요합니다. 영어에 대한 자신감을 키우는 다섯 가지 비결을 알려드릴게요.

첫째, 영어는 탁구다.

영어는 학문이 아니라 의사소통의 도구입니다. 완벽할 필요도 없고, 정확할 이유도 없습니다. 공을 못 치면 못 치는 대로 주고받는 탁구와 같아요. 탁구는 누구나 할 수 있습니다. 그냥 내 실력에 맞게 공을 보내면 됩니다. 상대가 고수라면, 내가 받아치기 좋게 공을 살살 보내줍니다. 내가 초짜인데도 상대편에서 스핀 먹이고 스매싱을 한다? 같이 공놀이 못할 사람입니다. 기초 회화로 말을 걸었는데 상대방이 온갖 어려운 말로 내 혼을 쏙 빼놓는다? 같이 말 섞지 못할 사람입니다. 그냥 고이 보내세요. 대부분 원어민은 상대방을 배려해서 대화를 받아줍니다. 그러니 짧은 영어 걱정 말고, 쉬운 말로 대화를 시도하세요.

둘째, 콩글리시도 영어다.

입만 열면 콩글리시가 튀어나오니까 영어로 말하기가 겁난다는 분이 있어요. 하지만 콩글리시가 안 되면 잉글리시도 못 합니다. 문법 신경 끄고, 발음 신경 끄고, 무조건 콩글리시로 시작하세요. 콩글리시로도 의사소통은 됩니다. 완성된 문장만 던지려고 입 꾹 다물고 있는 사람은 영어가 늘지 않아요. 완벽한 문장만 말하려다 보면 타이밍 놓치고 연습할 기회도 놓치거든요. 아는 단어만 몇 개 던져줘도 말은 통합니다. 좋은 상대는 그 단어를 받아서 문장을 만들어 돌려줘요. "너 이렇게 말하려고 했던 거지?"라면서요. 입 꾹 다물고 있으면 상대가 죽어도 눈치채지 못합니다. 걱정 말고 엉터리 영어라도 해보세요. 콩글리시로 시작해야 잉글리시의 길이 열립니다.

셋째, 된장 발음도 영어다.

제가 영어를 하면 주위에서 그럽니다. "명색이 통역사인데 왠지 영어 발음은 좀……?" 경상도 출신인 저는 영어를 할 때도 경상도 억양이 묻어나옵니다. 그래서 발음이 별로라는 소리를 듣는데, 별로 신경 쓰지 않습니다.

중요한 건 발음이 아니라 말하는 내용입니다. 미국인이 영어 제 아무리 잘해봤자 영국 사람한테는 미국식 영어고, 영국인이 아무리 유창하게 말해도 미국 사람한테는 영국식 영어입니다. 이제 영어는 국제 공용어이기에 나라별로 억양이 있는 겁니다. 한국인이 한국식 영어를 하는 건 당연한 일입니다. 대신 모국어인 한국어는 어떤 외국 사람보다 유창하게 하잖아요? 영어는 어디까지나 외국어니까요. 좀 못하면 또 어때요. 서툴러도 한국말 쓰는 외국 사람 멋있잖아요. 마찬가지로 영어를 쓰려고 노력하는 모습이 멋있는 겁니다. 자부심을 가지면 된장 발음도 스타일이 됩니다.

넷째, 리액션도 영어다.

영어 회화 수업에 가보면 심각한 표정으로 강사가 하는 말을 열심히 받아 적는 사람이 있고, 그냥 편하게 팔짱 끼고 앉아 다 알아듣는 척 연신 고개 끄덕이며 "아하, 아하!" 반응해주는 사람이 있습니다. 둘 중 회화가 빨리 느는 쪽은 후자입니다. 못 알아듣는 얘기라도 그냥 웃어주고 고개를 연신 주억거려야 합니다. 그러면 상대가 나의 리액션에 반응하고 한 번이라도 더 말을 걸어오거든요. 심각한 표정으로 인상 쓰고 있으면 말 걸기 쉽지 않아요.

상대의 말보다 표정을 읽어야 합니다. 재미있는 얘기를 하는 건지 심각한 얘기를 하는 건지, 표정을 보면 알 수 있어요. 원어민들은 영어를 할 때 표정이나 동작이 풍부합니다. 그걸 흉내 내고 다양한 반응을 보여주세요. 적절한 타이밍에 어깨 으쓱여주고, 웃어주고, "Uh, oh"만 해도 영어 무척 잘하는 것처럼 보입니다. 웃음소리, 표정, 보디랭귀지 등 이것도 다 언어이고 영어입니다. 미팅을 해도 리액션 좋은 사람이 인기가 좋듯이 회화도 마찬가지입니다. 리액션 좋은 사람이 회화의 달인이 됩니다.

다섯째, 손짓 발짓도 언어다.

아프리카에 여행을 가서 한국말로 의사소통을 하는 선배가 있어요. "어차피 그 사람도 영어 못하고 나도 영어 못하는데, 서로 못하는 영어로 스트레스받을 거 뭐 있나. 웃으면서 우리말로 하면 저도 웃으면서 스와힐리어로 대꾸하겠지." 신기한 것은 그렇게 해도 뜻이 통한다는 거예요. 의사소통의 시작은 손짓 발짓이요, 최후의 방편 역시 손짓 발짓입니다. 보디랭귀지의 힘을 믿고 자신 있게 덤벼보세요.

영어, 잘하는 것보다 더 중요한 것은 '잘하는 척!' 하는 것입니다.

3장

짬짬이 시간도
내 편으로
만들어라

Your time is limited, so don't waste it living someone

else's life. Don't be trapped by dogma - which is living

with the results of other people's thinking. Don't let

the noise of others' opinions drown out your own inner

voice. And most important, have the courage to follow

your heart and intuition.

- Steve Jobs

오직 시간으로만
살 수 있는 것들

2015년 남미 배낭여행 갔을 때 일입니다. 이구아수에서 엘 칼라파
테로 가는 비행기에서 책을 읽고 있는데, 옆자리에 앉은 외국인이
한글에 대해 묻더군요. 글자 하나하나가 다 별개의 알파벳이냐고.
자음과 모음을 상하좌우로 결합하면서 레고블록처럼 글자를 조립
한다고 설명했더니 무척 신기해했습니다. 한국에 관심이 많아 의
외였는데, 어린 시절 동네에서 태권도 도장을 다녔답니다. '아, 이
게 민간 외교의 힘이구나.' 몇 시간 동안 즐겁게 수다를 떨었습니
다. 멕시코 사람으로 척추 전문의인 그가 예전에 만난 환자 이야기
를 들려줬어요.

어떤 할머니가 오셨는데 척수에 암이 전이되어 손을 쓸 수 없는 지경이었답니다. 의사로서 자신이 할 수 있는 일이 없으니 그냥 평소 자신이 좋아하는 일을 하고 사시라고 했답니다. 책을 좋아하면 책을 읽고, 사람을 좋아하면 사람을 만나고, 여행을 좋아하면 여행을 다니며 남은 생을 즐기시라고. 그랬더니 환자의 아들이 "할 수 있는 게 없다니, 당신이 실력이 없는 거겠지!"라며 분노를 터뜨렸다고 해요.

돈 많은 아들은 어머니를 모시고 이 병원 저 병원을 다니며 치료해주겠다는 의사를 찾았습니다. 그는 돈이 얼마가 들든 치료하겠다고 말하고 다니면, 낫게 해준다는 의사를 만날 수 있다고 생각했습니다. 실제로 어떤 의사를 만나 방사능 치료, 약물치료, 수술까지 다 했어요. 그런데 6개월이 지나 아들이 다시 찾아왔어요. 돈은 돈대로 들고 어머니는 병원에서 온갖 고생을 했지만 나아지질 않는다고, 어떻게 해야 하냐고. 의사는 다시 말했습니다.

"의사로서 할 수 있는 게 없습니다. 그냥 남은 시간 즐겁게 살다 가시게 해주세요."

그러자 아들이 눈물을 흘리며 말했답니다.

"어떻게 할 수 있는 게 아무것도 없다고 말하냐. 뭐라도 해야 하는 거 아니냐."

의사는 담담히 고개를 저었답니다.

"돈으로 해결할 수 없는 경우도 있습니다. 그냥 남은 시간을 즐기게 해주세요."

많은 사람이 돈으로 무엇이든 해결하려고 하는데, 사실 생의 마지막에는 자신이 소유한 돈보다 자신이 즐겼던 추억만 남는답니다. 그래서 그 의사는 매년 여행을 다닌다고 했어요.

2015년 봄 〈여왕의 꽃〉이라는 드라마의 야외 연출로 일하면서 연일 밤을 새웠더니 체력이 떨어져 심한 몸살이 왔습니다. 영양제 주사라도 맞으려고 병원을 찾았는데, 간호사분이 그러시더군요.

"이렇게 비싼 주사를 맞지 마시고 평소에 숙면을 취하고 운동을 하세요. 건강에는 그게 더 중요합니다."

우린 돈으로 모든 것을 사는 데 너무 익숙해져 있어요. 건강도, 외모도, 행복도 다 돈으로 살 수 있다고 생각하지요. 사실 이 모든 것은 돈으로 살 수 없어요. 오로지 시간으로만 살 수 있습니다. 영어 공부도 마찬가지입니다. 비싼 돈을 들여야 영어를 배울 수 있는 건 아닙니다. 돈보다 더 중요한 것이 바로 시간입니다.

시간 관리로
내 인생을 지배하자

영어 공부를 하려고 해도 시간을 내기가 쉽지 않습니다. 특히 직장인에게 영어 공부의 관건은 공부할 시간을 만드는 것이지요. 시간을 만드는 법도 저는 책에서 배웠습니다.

《시간을 지배한 사나이》(그라닌 지음, 김지영 옮김, 정신세계사)라는 책을 읽은 건 스무 살 때의 일입니다. 러시아 과학자 류비셰프는 시간의 활용을 극대화하기 위해 자기만의 시간 통계법을 만들었어요. 그에게는 매일 24시간이 입금됩니다. 그 시간을 어떻게 썼는지 가계부에 지출 내역 적듯이 하나하나 기록합니다.

7시 기상, 등교 준비 30분, 밥 먹는 시간 20분, 등교 20분, 수업 2시간, 점심 1시간, 독서 1시간.

이렇게 기록한 시간을 자기 전에 정산해봅니다. 하루 24시간 중 공부나 일 등 생산적인 일에 쓴 시간을 수입으로 계산하고, 나머지 시간은 지출로 계산합니다. 그렇게 계산해보니 하루 24시간 중 저도 모르게 버려지는 시간이 너무 많았어요. 시간을 100퍼센트 활용할 수만 있어도 인생이 바뀔 텐데!

시간의 손익계산서에서 지출로 표시되는 항목을 수입으로 바꾸는 노력을 시작했습니다. 이를테면 평소에 음악을 들으면서 학교에 가던 것을 그 시간에 회화 문장을 외우면서 갑니다. 그러면 등교 시간 30분이 영어 공부 시간 30분으로 바뀝니다. 저녁 먹고 하숙생들과 TV 야구 중계 보면서 놀던 시간에 미국 시트콤을 보았어요. TV 시청 1시간이 영어 청취 1시간으로 바뀌지요.

저는 어려서부터 공상을 즐기는 게 취미였어요. 아이맥스니 홈시어터니 하지만, 최고의 영화는 내 머릿속에서 펼쳐지는 상상입니다. 대학 시절, 전공 수업이 너무나 지루했어요. 그래서 강의 시간에 멍하니 칠판을 보며 세계 일주를 떠나는 제 모습을 상상하거나, 짝사랑하는 여학생과 사랑을 나누는 망상을 하며 시간을 때웠어요.

《습관의 힘》(찰스 두히그 지음, 강주헌 옮김, 갤리온)이라는 책을 보면 습관은 시작 신호, 반복 행동, 보상 효과 이 세 가지 패턴으로 이루어져 있다고 합니다. 저자인 찰스 두히그는 사무실에서 일하다 오후 3시만 되면 1층 카페로 내려가 초코칩 쿠키를 사 먹는 버릇이 있었답니다. 자신의 버릇을 분석해보니 세 가지 패턴이 발견됐어요. 첫째, 3시가 되면 집중력이 떨어져 휴식을 갈망한다(시작 신호). 둘째, 카페에 내려가 동료와 초코칩 쿠키를 먹으며 수다를 떤다(반복 행동). 셋째, 즐거운 기분으로 전환되어 새롭게 작업에 몰두할 수 있게 된다(보상 효과).

일하다 생산성을 높이기 위해 잠시 쉬는 건 좋은데 초코칩 쿠키에 중독되다 보니 몸무게가 자꾸 늘었다는군요. 나쁜 버릇을 고치려면 이 세 가지 패턴 중에서 두 번째인 반복 행동을 바꿔주어야 합니다. 이때 시작 신호와 보상 효과는 같아야 합니다. 저자는 두 번째 반복 행동을 다른 패턴으로 바꾸었어요. 3시에 카페로 내려가는 대신 사무실 내 동료에게 다가가 물 한잔 마시며 수다를 떨었죠. 그랬더니 보상 효과에는 큰 차이가 없이 새로운 습관을 들일 수 있었답니다.

대학교 수업 시간에 망상을 즐기는 저의 버릇을 분석하면, 강의가 지루하다는 시작 신호가 나타나고 그때마다 망상에 빠져드는 반복 행동을 하지요. 그러다 보면 우울한 현실에서 벗어나 재미있는 이야기를 즐기는 보상 효과를 얻곤 했어요. 저는 반복 행동을 망상 대신 독서로 바꿔보았습니다. 강의가 지루하면 뒷자리에 앉아 페이퍼백 영어 원서를 읽었습니다. 그 결과 우울한 현실에서 벗어나 재미있는 이야기를 즐길 수 있다는 보상 효과를 얻었지요. 시작 행동과 보상 효과는 똑같고 반복 행동을 바꿔준 것만으로 좋은 습관을 들일 수 있었어요.

나쁜 버릇을 없애기란 쉽지 않죠. 나쁜 버릇을 없애는 방법은 좋은 버릇을 새로 들이는 겁니다. 습관은 습관으로 고쳐야 합니다. 영어를 공부하기로 마음먹었다면 첫째, 버리는 자투리 시간을 영어 공부 하는 시간으로 바꾸고, 둘째, 저녁에 일찍 잠드는 습관을 들여 아침에 집중해서 학습하는 시간을 만들어야 합니다. 결국 둘 다 습관의 문제이지요.

진로 특강을 나가 학생들을 만나면 취업에 성공하기 위해서는 개인의 역량을 키우는 것이 중요하다고 말합니다. 역량이란 지식, 기술, 태도 이 세 가지의 합이지요. 지식은 학교에서 배우고 기술은 일을 하며 익히지만, 정작 가장 중요한 태도는 어디에서도 가르쳐주지 않지요. 태도는 몸에 밴 습관이 밖으로 저절로 드러나는 것입니다. 좋은 습관을 만들면 인생을 사는 태도가 바뀌고, 태도가 달라지면 인생도 변합니다. 인생을 바꾸는 것은 결국, 나의 습관입니다.

하루에 세 번,
시간을 버는 습관

삶에서 돈보다 더 소중한 것은 시간입니다. 우리는 시간을 팔아 돈을 만들거든요. 건강, 사랑, 행복 등 많은 것을 돈이 아니라 시간으로 살 수 있습니다. 시간을 버는 방법 중 하나는 휴대전화를 끄는 일입니다. 더 정확하게는 휴대전화를 '비행기 탑승 모드'로 변경하는 것입니다.

1. 밤에 잘 때는 꼭 휴대전화를 끕니다.
휴대전화를 비행기 탑승 모드로 변경하면, 시계나 알람은 작동하면서 전화나 메시지, 페이스북, 트위터 등은 꺼집니다. 그러면 전화의 방해를 받지 않고 숙면을 취할 수 있습니다. 잠을 잘 자면 새벽에 일찍 일어나게 됩니다. 알람을 맞추지 않고도 오전 5시면 저절로 눈이 떠집니다. 누구에게도 방해받지 않는 나만의 소중한 시간이 생깁니다.

2. 낮에 잠깐씩 휴대전화를 끄고 휴식을 취합니다.

드라마 촬영을 하다가도 짬이 나면 낮에 꼭 눈을 붙입니다. 생산성을 높이는 가장 좋은 방법은 짧은 시간 양질의 휴식을 취하는 일입니다. 이때도 휴식을 방해받지 않도록 전화기는 비행기 탑승 모드로 바꿔둡니다.

3. 퇴근하면 잠시 휴대전화를 끄고 집중 모드를 만듭니다.

퇴근 후 책을 읽든, 영화를 보든, 그 밖에 무엇을 하든 휴대전화를 끄고 한 가지에 집중하는 게 좋습니다. 그래야 취미 생활도 제대로 즐길 수 있습니다. 시간을 정해놓고 가끔 문자나 부재중 전화만 확인합니다.

직장인은 휴대전화를 끄기가 쉽지 않습니다. 휴대전화가 꺼지면 큰일 날 것처럼 생각하는 사람이 많아요. 하지만 그렇지 않습니다. 밤사이 자는 동안, 낮에 30분 동안, 혹은 퇴근 후 1시간 동안 일어날 큰일은 없습니다. 나에게 연락이 안 되어 일이 잘못됐다면, 그건 일하는 시스템이 잘못된 겁니다. 아랫사람에게 일을 잘못 가르친 거고 동료들의 주인의식이 부족한 겁니다. 더 크게는 상사가 자기 연봉 값을 못하는 겁니다. 더 많은 돈을 받는 사람이 일을 더 많이 해야지요. 그러라고 승진시키고 비싼 연봉 주는 거 아닌가요? 휴대 전화를 꺼두면, 집중하는 시간이 점점 늘어납니다. 휴대전화 없이 지내는 시간이 길어지지요. 불안도 습관입니다. 조금씩 없애야 합니다.

휴대전화를 끄는 이유는, 단순히 시간을 벌기 위해서가 아닙니다. 그 시간 동안 집중하기 위해서입니다. 이를테면 영어 공부에 집중할 시간을 만드는 거죠.

1.01의 365승은 37.8

대학 신입생 시절, 영어를 정말 잘하는 선배가 한 분 있었어요. 고등학교 졸업하고 카투사(미군 부대에서 복무하는 한국 군인)에 입대했는데, 거기서 영어가 엄청 늘었습니다. 제대 후 결혼하고 사회생활을 하면서 보니, 웬만한 영어 전공자보다 회화를 더 잘하는데도 고졸이라는 약점 때문에 사회생활에 한계가 있는 거예요. 그래서 대입시험을 준비해 늦깎이 대학생이 되었어요.

그 선배는 아빠이자 가장으로서 학교 다니며 아르바이트해서 등록금과 생활비까지 벌었습니다. 제 입장에서 보면, 그는 어른이고 저는 애였어요. 심지어 카리스마도 강해서 따르는 후배들도 많았지요. 그중에는 제가 짝사랑하던 여자애도 있었고요. 그 선배를 존경의 눈빛으로 바라보는 여자애를 볼 때마다 부럽고 샘이 나서 미치겠더군요. 그래서 결심했습니다. '저 선배가 나의 라이벌이다. 영어만큼은 저 선배보다 잘하는 게 내 목표다' 하고요.

그런데 생각해보니 이게 '미션 임파서블'이더군요. 일단 출발부터 실력의 차이가 엄청납니다. 아킬레스와 거북이의 경주 같은 거지요. 거북이가 10미터 앞에서 출발하면, 아킬레스가 아무리 빨리 달려도 절대 거북이를 따라잡을 수 없다는 제논의 역설 말이에요. 아킬레스가 10미터를 가는 동안 거북이는 다시 1미터를 가고, 아킬레스가 1미터를 가는 동안 거북이는 다시 10센티미터를 가고. 이런 식으로 늘 뒤처질 수밖에 없는 거죠. 심지어 그 선배는 대단한 노력파이기도 했습니다. 이건 뭐, 아킬레스와 거북이가 자리를 바꾼 느낌이랄까요? 도저히 경쟁이 안 되는 상대를 라이벌로 삼은 거죠.

'어떻게 해야 저 선배를 이길 수 있을까?'

시간의 변수를 다르게 적용해봤습니다. 당시 저는 스무 살이고 선배는 스물일곱 살이었어요. 그 선배가 스물일곱 살에 영어 실력이 어느 정도인지 눈여겨봐 두고 그걸 기준으로 삼았습니다.

'그 선배가 스물일곱 살에 이룬 영어의 성취를, 나는 스물다섯 살까지 이루겠다. 그러면 내가 이기는 거다. 물론 내가 5년간 노력하는 동안, 그 선배는 다시 서른두 살이 되겠지? 그럼 서른두 살의 선배 모습을 봐두었다가 나는 스물여덟 살까지 그 경지에 이르면 된다. 이렇게 조금씩 격차를 좁혀가면 언젠가는 그 선배를 앞지르는 날도 오겠지.'

많이 유치하지요? 하지만 이 생각 하나로 이 악물고 공부할 수 있었어요. 따라잡을 수 없는 상대라 생각하고 지레 포기하는 것보다는 낫다고 생각합니다. 예전에 책에서 읽은 수식을 소개합니다.

1.01의 365승은 37.8

0.99의 365승은 0.026

향상심이 강한 사람이 전날보다 매일 1퍼센트씩 자신의 행동을 개선하여 그것을 1년 365일 지속해간다. 그리고 그것을 1.01의 365승이라 생각하면 1이 약 38이 된다. 한편, 어찌해도 의욕이 생기지 않아서 전날보다 매일 1퍼센트씩 행동이 절하된 상태로 1년 365일을 이어나가면 0.026이 된다. 20년, 30년이라는 시간 간격으로 샐러리맨을 보고 있으면, 이 수식이 무척이나 현실적으로 와 닿는다.

- 《18년이나 다닌 회사를 그만두고 후회한 12가지》(와다 이치로 지음, 김현화 옮김, 한빛비즈)

저의 경쟁 상대는 어제의 나입니다. 오늘의 나는 어제보다 조금만, 아주 조금만 더 나아지기를 바랍니다. 매일 책을 읽어 어제보다 조금 더 생각이 깊어지기를 바라고, 매일 글을 쓰면서 매일 생각이 조금 더 단단해지기를 바랍니다. 하루하루의 노력이 수십 년의 세월로 쌓여 언젠가는 내 삶이 더욱 즐거워지는 것, 그게 나의 꿈이니까요.

암송의 비결은
자투리 시간

요즘도 저는 일본어나 중국어를 공부합니다. 초급 회화책 한 권만 외우면, 어떤 언어라도 술술 말할 수 있으니까요. 나이 마흔 넘어서 새로운 외국어를 공부한다고 하면, PD로 일하는 바쁜 와중에 그게 가능하냐고 묻는 분도 있어요. 시간 활용에 대해 예전에 제 블로그에 썼던 글이 있습니다.

 내가 만약 슈퍼 히어로가 된다면, 지구를 구하기 위해 내가 가장 원하는 힘은 무엇일까?
 내가 가장 소망하는 능력은 나의 삶을 지배하는 능력이다. 세상을 바꾸는 힘은 원하지 않는다. 나의 작은 생활 습관 하나 바꾸기도 쉽지 않은데, 어찌 감히 세상을 바꾸랴······. 세계 평화도 내게 있어 너무 먼 목표다. 마음의 평화, 그 하나를 얻기도 지난한 일이거늘.

나의 목표는 세계 정복이 아니라 인생 정복이다. 인생을 최대한으로 활용해, 하고 싶은 일 다 해보는 게 나의 꿈이다. 그러기 위해 내게 필요한 능력? 그건 바로 시간을 지배하는 능력이다.

세상, 불공평하다고 하지만 공평한 게 딱 하나 있다. 그건 시간이다. 시간은 누구에게나 똑같이 하루 24시간 주어진다. 부자에게나, 가난한 이에게나. 물론 부자는 돈을 주고 시간을 살 수 있고, 가난한 이는 시간을 팔아 돈을 벌어야 하니 불공평하다고 말할 수도 있다. 그러나 24시간을 어떻게 활용하는가에 따라 부자가 되기도 하고 가난하게 되기도 하니, 역시 시간은 공평한 자원이다. 사실 인생에서 가장 소중한 자원은 돈보다 시간이다.

내 삶을 지배하기 위해서는 자투리 시간을 잘 활용해야 합니다. 내가 자유로이 쓸 수 있는 시간은 의외로 많지 않아요. 일하는 시간, 가족과 함께하는 시간, 친구를 만나는 시간 등. 늘 바쁘지요. 그래서 자투리 시간을 찾아 나만의 자유 시간으로 활용하는 게 중요합니다.

동양문고에서 나온 《가장 쉬운 중국어 첫걸음의 모든 것》의 부록 뒤표지에 이렇게 적혀 있어요. '자투리 시간 활용 능력이 회화 공부의 경쟁력!' 참으로 지당하신 말씀입니다. 외국어는 주말 하루 날 잡아 종일 공부한다고 느는 게 아니에요. 오히려 매일매일 조금씩 일정한 시간을 내어 연습해야 늡니다. 왜? 언어는 한 번에 이해하는 학문이 아니라 반복으로 익혀지는 습관이니까요.

사람이 한 가지 일에 집중할 수 있는 시간이 10분에서 20분 사이라지요. 20분을 넘어가면 어차피 효율이 떨어지니 10분에서 20분씩만 공부하세요. 자투리 시간만 모아도 하루에 1시간, 석 달이면 100시간이지요. 그 시간을 투자하면 책 한 권을 외우게 됩니다. 직장인이 놓치지 말아야 할 자투리 시간을 소개합니다.

1. 기상 후 20분

아침 시간 출근 전 20분 동안 교재를 보며 한 과씩 공부합니다. 아침에 조금 일찍 일어나면 소중한 집중 학습 시간을 확보할 수 있습니다. 직장 업무가 시작되기 전, 아이들이 일어나기 전, 그 누구에게도 방해받지 않는 시간입니다. 회화 교재를 공부할 때는 단어 설명, 문법 설명, 예시 등은 읽기만 하고 회화 본문에 집중합니다. 시험을 보는 게 목적이 아니니 굳이 문법이나 단어에 스트레스받을 필요 없어요. 본문 회화를 반복해서 소리 내어 읽어봅니다.

2. 전철 출근 시간 20분

뜻이 이해되지 않으면 문장을 암기하기가 어렵습니다. 처음 접한 언어를 책만 읽어 이해하기 어렵다면, 출퇴근 시간에 스마트폰으로 동영상 강의를 보거나 팟캐스트 강의를 듣는 것도 도움이 됩니다. 길고 지루한 통근 시간이 유익한 외국어 학습 시간으로 바뀌는 건 덤이고요.

- 아침에 일어나 정해진 영어 학습 시간에 책을 펼쳐 그날 공부할 단원을 소리 내어 읽습니다. 발음에 자신이 없다면 휴대전화에 저장한 MP3를 틀어놓고 따라 해봅니다.
- 교재 학습이 끝나면 그날 공부한 내용을 휴대전화 카메라로 찍어둡니다. 페이지 전체를 한 번, 한글 번역 부분만 따로 한 번, 이렇게 두 번에 나눠서 찍습니다.
- 전철 안이나 휴게실에서 자투리 시간에 휴대전화 사진의 한글 번역을 보고 영어 본문을 떠올려봅니다. 그게 힘들면 전체 화면을 보고 몇 번 읽어보고, 다시 한글만 보고 문장을 외웁니다. 요즘은 스마트폰 덕분에 책이나 휴대용 CD 플레이어가 없어도 언

제 어디서나 영어 공부를 할 수 있어요.

3. 걷는 시간 10분

전철에서 내려 회사까지 걸어가는 동안 이어폰을 끼고 그날의 회화를 MP3로 반복 청취하며 소리 내어 원어민 회화를 따라 합니다. 누가 보면 외국인과 전화 통화하는 것처럼 시치미 뚝 떼고요.

4. 자기 전 10분

잠들기 전 마지막으로 그날 외운 분량을 확인해봅니다. 하루에 한 과를 다 외우기 전에는 잠들지 않겠다는 각오를 세워보세요. 일찍 잠자리에 들기 위해서라도 낮 동안 더 부지런히 외우게 될지 몰라요.

벼락치기보다는
짬짬이 공부가 낫다

퇴근하고 하루 3시간밖에 공부할 수 없는 방위병 시절에 어떻게 영어가 그렇게 늘었을까? 그 이유를 《어떻게 공부할 것인가》라는 책에서 찾았습니다.

이 책의 부제는 '최신 인지심리학이 밝혀낸 성공적인 학습의 과학'입니다. 말 그대로 공부를 더 잘하는 방법을 알려줍니다. 인지심리학은 정신의 작용 방식을 이해하는 기초과학으로 인지, 기억, 사고방식에 대해 실증적으로 연구하는 학문입니다. 책 표지에는 '대부분의 사람들은 잘못된 방식으로 배우고 있다'라는 문구가 있습니다. 하루 10시간씩 앉아서 책을 반복해서 읽고 계속 암기하는 것이 성적을 올리는 길이라고 생각하지만, 그건 잘못된 방식이랍니다. 학생들의 학습 대도를 관찰해보면 대부분 머릿속에 '정보를 넣는 일(input)'에 집중하는데, 기억력의 본질은 그것이 아니라 저장되어 있는 '정보를 찾는 일(retrieval)'의 반복에 있답니다.

방위병 시절, 저는 야간 교대 근무를 하며 하루 12시간씩 전화교환대 앞을 지켰습니다. 밤에는 전화가 거의 오지 않아요. 멍하니 앉아서 스위치보드를 보는 게 일이었지요. 근무 중에 책을 펼쳐놓고 공부할 수도 없고, 하도 심심해서 출근 전에 외운 영어 문장을 기억에서 불러내 혼자 소리 내어 외웠습니다. 기억이 안 날 때를 대비해 손바닥으로 가릴 만한 조그만 종이쪽지에 영어 키워드와 한글 키워드를 적어뒀어요. 처음엔 영어 키워드를 보고 문장을 불러내고, 익숙해지면 한글 키워드를 보며 영어를 기억에서 인출했습니다. 나중에는 첫 단어만 봐도 한 과의 전체 문장이 술술 흘러나왔어요. 하루에 10문장씩 외우는 건 일도 아니더군요. 꾸준히 계속하니 한 달에 300문장, 1년에 3,600개 문장을 외울 수 있었는데 실제로는 더 많이 외웠어요. 뒤로 갈수록 더 잘 외워졌거든요. 앞에서 외워둔 영어 문장들이 쌓이니까 새로 외우기가 쉬워졌어요. 책에는 그 시절 영어책 암기가 쉬웠던 이유가 상세히 설명되어 있었습니다. 공부를 잘하기 위한 세 가지 비결을 정리해보겠습니다.

1. 인출 연습

어떤 책을 읽을 때 한 번에 여러 번 읽기보다 한 번 본 다음 기억에서 꺼내보는 연습을 하는 것이 좋습니다. 영어 문장을 눈으로만 보지 말고 눈을 감거나 다른 곳을 보면서 외워보는 거지요. 셀프 쪽지시험을 치면서 외운 것을 확인하는 과정은 장기 기억에도 유리하고, 모르는 것을 확인할 수 있어 효율적인 공부가 되게 해줍니다. 책을 보고 계속 읽으면 다 아는 것 같지만, 눈을 감고 문장을 외워보면 기억이 나지 않는 문장이 뭔지 알 수 있거든요. 그 문장만 집중해서 다시 외울 수 있습니다.

2. 시간 간격을 두고 복습하기

페인트칠로 깔끔한 벽을 유지하는 방법을 생각해보죠. 한 번에 아무리 여러 번 덧칠해도 시간이 가면 조금씩 바래집니다. 한꺼번에 여러 번 칠하는 것보다, 한 번 칠한 후 시간이 지나고 색이 바래지려고 할 때 그때마다 덧칠을 합니다. 그러면 깨끗한 상태를 오래 보존할 수 있지요. 학습 내용을 기억하는 것도 마찬가지입니다. 한 번에 오랫동안 외우는 것보다 잠깐 외운 후 잊어버릴 때쯤 다시 외우고, 시간을 두고 자꾸 반복하는 것이 기억을 오래 지속하는 비결입니다.

3. 교차 연습

이미 갖고 있는 선행 정보가 풍부할수록 새로운 정보는 더 잘 기억됩니다. 기억은 이전의 다양한 정보와 연결되는 방식으로 저장되고 인출되기 때문입니다. 회화책을 외울 때 갈수록 누적된 문장이 많아지고 수준도 올라가서 외우기가 힘들 것 같지만, 의외로 더 쉬워집니다. 기존에 머릿속에 들어 있는 표현들이 새로운 문장들과 연결되면서 맥락이 만들어지거든요.

벼락치기 공부는 단기 기억에는 용이할지 몰라도(시험 전날 공부해서 성적 올리는 정도만 유효) 장기 기억에는 도움이 되지 않는답니다. (벼락치기가 수능에 안 통하는 이유가 이것이죠. 범위가 너무 방대하고 말 그대로 수학 능력을 평가하기에 단기 기억 승부가 아닙니다.) 우리가 언어를 배우는 것은 당장 내일 있을 시험을 준비하는 게 아니에요. 언젠가 영어를 써먹을 때를 대비하는 거지요. 단기 기억을 위한 벼락치기 공부로는 영어 실력이 늘지 않습니다. 장기 기억으로 보존되어야 언제 어디서든 자유자재로 영어가 흘러나옵니다. 자전거 타기나 악기 배우기처럼 반복 연습으로 익혀진 장기 기억은 언제 어디서나 인출할 수 있습니다.

저는 몰랐지만, 방위병 생활이 영어 공부를 위한 최적의 환경이었던 겁니다. 학교 도서관에 앉아 집중해서 입력하는 것보다 일하는 짬짬이 인출을 반복하는 것이 더 효과적이었던 거지요. 이것은 직장인들에게 반가운 소식입니다. 일하는 짬짬이 공부하고, 조금씩 틈날 때마다 간격을 두고 복습하며, 그동안 배운 사전 지식이 선행 정보로 기능할 수 있다는 얘기니까요. 대학생 시절보다 영어 공부에서 더 뛰어난 효과를 볼 수 있다는 의미죠.

뽀모도로 기법을 활용한
영어 집중 시간

《부자가 되는 정리의 힘》(윤선현 지음, 위즈덤하우스)을 보면, 시간 관리 기술 중 뽀모도로 기법이라는 게 나옵니다. 타이머를 이용해서 25분을 세팅하고 그 시간 동안만큼은 다른 어떤 일이 생겨도 방해받지 않고 한 가지에만 몰두하는 시간 관리 테크닉입니다. 프란체스코 시릴로라는 사람이 대학생 시절 토마토 모양으로 생긴 파스타 요리용 타이머를 이용해 시간을 관리했다는 데서 이름이 유래했다고 합니다. '뽀모도로(pomodoro)'는 이탈리아어로 '토마토'라는 뜻이거든요.

한 시간을 앉아 있어도 그 시간 내내 일이나 공부에 집중하지는 못하지요. 휴대전화로 이런저런 메시지가 뜨고, SNS 알람도 울리고, 눈은 컴퓨터를 보고 있지만 머리는 멍하니 별나라로 가기도 하고 그럽니다. 사람이 한 가지 일에 집중할 수 있는 최대 시간이 25분까지라는데요. 그렇다면 시간 활용의 효율성을 높이기 위해서는 25분까지 딱 한 가지 일만 하는 겁니다.

뽀모도로 파스타를 요리할 때 흔히 타이머를 맞춰두지요. 파스타 조리에서 중요한 것은 시간입니다. 너무 오래 끓여 퍼져도 안 되고, 너무 빨리 꺼서 면발이 설익어도 안 되니까요. 마찬가지로 업무에서도 시간 관리가 중요합니다. 너무 자주 쉬면 일에 속도가 붙지 않고, 너무 오래 일하면 능률이 떨어지거든요. 한 번에 집중할 수 있는 한계라는 25분을 시간의 기준으로 삼습니다. 시계 알람을 25분 뒤로 맞추고, 일이나 공부를 시작합니다. 이때 알람이 울리기 전까지는 어떤 일이 있어도 하던 일을 멈추면 안 됩니다. 25분 뒤 벨이 울리면 멈추고, 5분간 완전한 휴식을 취하며 긴장을 풉니다.

뽀모도로 기법을 일과에 적용할 때는 업무를 25분 단위로 쪼갭니다. 25분의 시간 단위를 1뽀모도로라고 부르고, 통상 2시간이 걸리는 일이라면 4뽀모도로를 배정합니다. 25분 일하고 5분 쉬는 식으로 4회 반복하면 업무가 끝나는 겁니다. 4회 반복 후에는 20분 이상 긴 휴식을 취합니다. 휴대전화 문자를 확인하거나 SNS를 보면서 쉬는 거죠. 이게 뽀모도로 식 시간 관리법입니다.

직장인이라면 근무 시간에 뽀모도로 기법을 적용하기는 쉽지 않습니다. 상사가 갑자기 부르거나 업무 관련 카톡 문의가 오는데 무시할 수는 없잖아요? 대신, 직장인이 자투리 시간을 활용하여 어학 공부를 하는 데에는 적격이라고 생각합니다. 어학 공부에서 중요한 것은 모드 전환입니다. 영어로 생각하는 모드로 바꾸는 거지요. 한창 영어 문장을 외우고 있는데 갑자기 쪽지가 와서 그걸 들여다보거나 이메일을 확인하다 보면 집중 모드가 끊깁니다. 그래서 저는 아무도 방해하지 않을 시간을 만들기 위해 뽀모도로 기법을 권합니다. 퇴근 후 30분이나 기상 후 30분이 이 기법을 활용하기에 가장 이상적인 시간입니다.

영어 공부에 뽀모도로 기법을 활용하려면, 먼저 휴대전화를 비행기 탑승 모드로 바꿉니다. 그러면 문자나 SNS 알림이 꺼집니다. 휴대전화 알람 기능을 이용해 25분 뒤 진동이 울리도록 맞추고 영어 문장 암송에 집중합니다. 25분 동안 집중해서 얻은 성과는 휴대전화나 노트에 기록해둡니다.

3월 2일 영어 회화 17과 본문 암기

3월 3일 영어 회화 18과 교재 학습

3월 4일 영어 회화 18과 본문 암기

매일 휴대전화 일정에 알람을 반복 설정해두면 같은 시간에 정기적으로 공부할 수 있어요. 기록을 계속하다 보면 날짜가 중간에 이 빠지듯 빠지는 게 싫어서라도 매일매일 꼬박꼬박 공부하게 됩니다. 이게 바로 시간을 버는 습관이자 시간을 모으는 방법이지요.

하루 한 번 뽀모도로로 영어 공부에 집중하는 시간을 자신에게 선물해보세요.

하루에 한 줄
인생을 모은다

돈을 모으고, 시간을 모으는 좋은 방법을 하나 소개합니다.《1일 1줄 가계부》를 보면 한 줄 가계부를 기록하라는 이야기가 나오는데, 요령은 아주 간단합니다.

1. 한 가지 '절약 항목'을 정한다

2. 지출할 때마다 기록한다(1일 10초면 OK)

3. 기록 기간은 1주일에서 1개월(목표를 달성하면 언제든 그만둬도 OK)

　　　　- 《1일 1줄 가계부》(아마노 반 지음, 양필성 옮김, 위즈덤하우스)

저는 자기계발서를 읽고 책에 나온 충고대로 살아보는 것을 좋아합니다. 특히 짠돌이라 돈 버는 이야기에 특히 더 귀가 솔깃합니다. 돈에 대해서는 비슷한 고민을 하지요. '돈이 자꾸만 줄어드는데 왜 그러는지 이유를 모르겠다', '돈을 모으고 싶은데 쉽지 않다', '지금까지 몇 번이나 시도했지만 가계부 쓰기나 저축에 실패했다' 등의 고민을 가진 분들을 위해 책에 나오는 '1줄 가계부 적기'를 추천합니다.

이 1줄 가계부는 일상에서 일어나는 작고 소소한 소비를 표적으로 삼습니다. 커피 마시는 습관이나 인터넷 쇼핑하는 습관 등 여러 소비 습관 중 딱 하나만 정해서, 관련 지출이 일어날 때마다 하루 한 줄씩 적는 것입니다.

2월 17일 커피빈 6,000원
2월 18일 (안 마신 날은 날짜만 적어둡니다.)
2월 19일 스타벅스 5,500원

이렇게 한 달을 평소 생활대로 삽니다. 첫 달 지출이 총 15만 원이라면, 다음 달엔 여기서 5만 원을 줄입니다. 커피숍에 가는 횟수를 줄이거나 아메리카노 등 더 싼 메뉴를 시키거나 하는 식으로요. 그렇게 줄인 5만 원은 따로 장부에 표시해둡니다. 궁극적으로는 더

많이 줄이는 게 목표입니다. 1줄 가계부를 통해, 1년간 모은 돈이 50만 원이라면 그 돈으로 여행을 떠난다거나 스스로에게 보상을 해줍니다. 저축을 해서 목돈을 만들면 더 좋겠지요. 모아서 언젠가 더 크게 쓸 수 있으니까요.

저는 한때 스타벅스의 캐러멜 프라푸치노에 빠져 살았습니다. 그러다 어느 날 문득 생각해보니 커피 값이 정말 아깝더군요. 옛날에 커피 값은 다방에서 자신이 차지한 자릿세에 종업원 서비스 요금이었거든요? 요즘은 커피를 직접 가져다 마시고, 갈 때도 직접 치웁니다. 테이크아웃이라면 자리를 차지하지도 않고요. 그래서 습관을 바꿨습니다. 점심 먹고 커피숍에 가는 대신, 회사 근처 공원을 산책합니다. 다른 사람을 따라 커피숍에 가야 하는 경우에는 생수를 삽니다. 물이 가장 싸요. 때로는 그냥 개인 물병 들고 가서 조용히 물만 마시다 옵니다. 물론 누가 사준다고 하면, 프라푸치노를 시킵니다. 그란데로요. 그렇게 아낀 돈으로 저는 책을 사고 배낭여행을 다닙니다.

1줄 가계부를 작성하면, 이처럼 줄줄 새는 돈의 낭비를 막을 수 있어요. 저는 이 방법을 이용해서 자투리 시간을 모으고 있습니다.

차곡차곡
하루 한 줄 학습법

1줄 가계부를 적다 보면 그동안 모은 돈을 한눈에 파악할 수 있어 좋습니다. 한 줄 학습 진도를 적는 것도 마찬가지예요. 메모를 쓰는 건 어렵지 않아요. 한 줄 한 줄 그 기록이 쌓여 먼 훗날 돌아보면 내 삶의 궤적을 그립니다. 해변의 모래사장을 무작정 걷다 어느 순간 뒤를 돌아보면 발자국이 백사장 끝까지 이어져 있습니다. 저게 내가 걸어온 길이구나, 싶지요. 내가 걸어온 길이 곧 나의 인생입니다. 하루에 한 줄씩 기록하기, 간단해 보이지만 이것이 쌓여서 인생이 됩니다. 이 기록을 온라인에서 공유해보면 어떨까요?

제 블로그에 달린 댓글을 보니, 영어 공부 하고는 싶은데 괜히

작심삼일이 될까 걱정하는 분들이 있더군요. 작심삼일을 부끄러워할 필요는 없습니다. 습관을 바꾸겠다고 마음을 먹었다는 게 어딘가요. 작심삼일이 무서우면 3일마다 마음을 새로 먹으면 됩니다. 3일 하고 포기했다면 며칠 거른 후 다시 마음먹고 시작하고, 또 3일 만에 포기하면 또 시작하면 됩니다.

내 인생을 내 손으로 바꾸겠다고 마음먹는 것, 그게 새로운 인생의 시작입니다. 중간에 포기할까봐 아예 결심도 안 하는 것, 그건 중도 포기보다 더 나빠요. 스스로를 아예 믿지도 않는 거니까. 다른 사람이 나를 믿어주지 않는 것보다 더 슬픈 게 내가 자신을 안 믿어주는 겁니다.

작심삼일 두려워 말고, 일단 한번 도전해보세요.

사실, 혼자만의 약속은 지켜지기 쉽지 않습니다. 하지만 온라인 공간에서 글로 남긴 약속은 타인의 시선을 의식하게 되어 은근 오래갑니다. 저는 매일 책 한 권을 읽고 한 편씩 독서일기를 블로그에 쓰는데, 이게 다 온라인 약속의 힘입니다. 매일 블로그에 찾아오는 사람이 있으니 하루도 빠질 수 없거든요.

영어 공부를 시작하는 데 자신의 의지를 더 굳게 하고 싶다면, 소셜 미디어의 힘을 빌려보세요. 평소 자주 쓰는 페이스북이나 인스타그램, 트위터에 그날의 영어 공부 한 줄 기록을 올리는 겁니다. 친구들에게 응원을 부탁하는 메시지도 올려보세요. 분명 결심을 오래 지속하기 쉬워질 겁니다.

온라인상에서 실명으로 기록을 남기기 민망하다면, 제가 도와드리겠습니다. 제게만 살짝 알려주세요. 〈공짜로 즐기는 세상〉 블로그에 '댓글부대 모집 공고'라는 글을 띄워둘게요. 그 글에 댓글을 달아주세요. 한 주간 자신의 영어 암송 진도를 댓글로 다는 거죠. 익명의 아이디로 글을 올리면 중도 포기해도 부끄러울 일이 없어요. 누군지 아무도 모르거든요.

공개적인 자리에 올리는 글은 세상에 대한 공언이자, 자신을 향한 약속입니다. 100일간 꾸준히 댓글로 진도를 기록한 분들을 모시고 식사를 하거나 차를 한잔하기도 하는데요. 그 자리에 모인 분들이 내뿜는 어떤 힘이 있어요. 자신을 변화시키기 위해 무언가를 꾸준히 하고 있다는 자부심에서 내뿜어지는 아우라가 아닐까 싶습니다. 댓글부대, 여러분도 한번 도전해보지 않으시렵니까?

6개월 만에
외국어를 마스터하는 방법

〈ㅍㅍㅅㅅ〉의 어느 블로그에서 소개한 〈TED〉 강의입니다. 6개월이면 누구나 외국어를 배울 수 있다고 합니다. 진짜 가능할까요? 강의 원본이 궁금하면 다음 유튜브 링크의 동영상을 참고하세요.

https://youtu.be/d0yGdNEWdn0

외국어 학습에 대한 두 가지 잘못된 생각이 있습니다.

첫째, 재능이 필요하다는 생각이지요. 재능은 필요 없습니다. 방법만 알면 누구나 잘할 수 있어요.

둘째, 언어는 그 언어를 쓰는 나라에 가서만 배울 수 있다는 생각입니다. 홍콩에서 수십 년을 산 영국인도 중국어는 전혀 못합니다. 그 언어를 쓰는 환경에 가면 가만히 있어도 언어가 된다는 건 착각입니다. 즉 어떤 곳에 있든, 공부 방법만 알면 6개월 안에 외국어로 말할 수 있어요.

연사가 소개하는 외국어 학습을 위한 다섯 가지 원칙이 있습니다.

1. 자신과 관련 있는 언어 표현에 집중하세요.

(Focus on language content that is relevant to you.)

외국어로 나를 소개하고, 내가 좋아하는 것에 대해 말할 때 동기부여가 잘됩니다. 자기소개, 나의 취미, 내가 원하는 것에 집중합니다. 여행 회화를 배울 때, '식당이 어디입니까?' '출구가 어디입니까?' '이것은 얼마입니까?'처럼 현지에서 가장 유용한 표현부터 습득하는 게 좋습니다. 처음 본 사람과 CNN 뉴스나 〈타임〉 기사에 나오는 외교 문제로 토론을 벌이지는 않거든요. 사용 확률이 더 높은 표현을 공부해야 능률이 오릅니다.

2. 첫째 날부터 새로운 언어를 도구로 의사를 표현하세요.

(Use your new language as a tool to communicate from day 1.)

언어를 배운 첫째 날부터 입이 열린다니 이게 가능할까요? 네, 기초 회화를 외우면 이게 가능합니다. 외운 문장으로 대화의 물꼬를 틀 수 있으니까요. 문법 공부하고 단어를 외운 후에야 회화를 할 수 있다고 생각한다면, 어느 세월에 말문이 열릴지 알 수 없어요. 외국어는 공부한 첫날부터 말을 할 수 있어야 합니다. 회화를 외우면 첫날부터 의사 표현이 가능합니다. 외운 표현만 써먹으면 되거든요.

3. 메시지를 처음 이해한 순간, 무의식적으로 언어가 습득됩니다.

(When you first understand the message, you will unconsciously acquire the language.)

상대가 말한 문장 전체를 알아듣지 못했다고 좌절할 필요는 없습니다. 단어 몇 개만 알아들어도 뜻은 통합니다. 문법이나 어려운 단어에 집착하지 마세요. 언어는 의사소통의 도구입니다. 뜻만 통하면 의사 전달은 됩니다. 내가 아는 표현을 조합해서 최대한 나의 뜻을 전달하는 게 어학 공부의 목표입니다.

4. 언어를 배우는 것은 지식을 쌓는 게 아니라 육체적 훈련입니다.

(Language learning is not about knowledge. But, physiological training.)

외국어 공부는 몸을 쓰는 훈련입니다. 귀를 기울이고, 성대를 움직여 소리를 냅니다. 문법책을 들여다보고 머리로 이해하는 것보다 소리 내어 문장을 말하며 발성 근육을 훈련하는 게 더 중요합니다.

5. 정신적 · 육체적 상태가 중요합니다.

(Psycho-physiological state matters!)

누구도 완벽하지 않아요. 문장이 완벽하게 들리기를 바라고, 완벽한 문장을 말하기를 바란다면 공부하다 지칩니다. 마음을 편하게 가져야 합니다. 들리는 만큼만 듣고, 아는 만큼만 말해도 됩니다. 칠 수 없는 공은 치지 않고, 잡을 수 없는 공은 잡지 않는다는 '삼미 슈퍼스타즈'처럼 말입니다.

〔빠른 언어 습득을 위한 일곱 가지 활동〕

1. **많이 들으세요**(Listen a lot)! 이게 영어 공부의 왕도겠지요.

2. **개별 단어 신경 쓰지 말고, 문장의 뜻을 파악하는 데 집중하세요**(Focus on getting the meaning first before the words). 단어에 집착하기보다 문장 전체의 의미를 파악하는 데 공을 들여야 합니다.

3. **자꾸 섞어보세요**(Start mixing). 10개 동사×10개 명사×10개 형용사 = 1,000개 문장. 단어 30개만 알아도 1,000개 문장을 조합할 수 있습니다. '나, 너, 있다'만 알아도 '내 안에 너 있다'라는 멋진 작업 멘트를 날릴 수 있는 것처럼요.

4. **핵심 표현에 집중하세요**(Focus on the core). 3,000단어만 알면 일상회화 98퍼센트가 가능합니다. 기본 단어와 기본 표현에 집중하세요.

5. **부모처럼 말을 쉽게 가르쳐주는 친구를 만나세요**(Get a language parent). 엄마가 아기의 옹알이에 애정을 갖고 귀 기울여주듯, 나의 부족한 표현도 귀신같이 알아듣고 긍정적인 피드백을 해줄 수 있는 '말 부모'를 찾는 것이 중요합니다.

6. **말하는 사람의 표정을 흉내 내세요**(Copy the face). 발음과 억양을 흉내 낼 수 있는 가

장 좋은 방법은 말하는 사람의 표정을 흉내 내는 일입니다. 얼굴 근육을 움직여서 소리를 내기에, 발음이 자연스러워지는 가장 좋은 방법은 말하는 사람의 표정을 흉내 내는 것입니다.

7. 이미지로 직접 떠올리세요(Direct connect to mental images). 어떤 회화 상황을 외울 때는 머릿속에 이미지를 그려보세요. 책을 읽을 때도 그냥 읽는 것보다 말하는 사람의 표정을 상상하고, 두 사람이 처한 환경을 그려보면 훨씬 쉬워집니다.

4장

책 한 권을
완벽히
외웠다면

Steve Jobs, Bill Gates and Mark Zuckerberg didn't

finish college. Too much emphasis is placed on formal

education - I told my children not to worry about their

grades but to enjoy learning.

– Nassim Nicholas Taleb

놀면서
공부하자

영어 회화책을 한 권 외우라고 하면 '휴, 그렇게까지 고생스럽게 공부해야 해?'라고 생각하시는 분들이 있습니다. 걱정 마세요. 그건 어디까지나 공부를 시작할 때 얘기입니다. 책 한 권을 외우셨다면, 이제부터 놀면서 공부할 수 있습니다. 초급에서 중급으로 올라가기 위해서는 알고 있는 회화 표현도 연습하고, 아는 표현의 양도 늘리는 게 중요합니다.

1. 외국인 친구를 사귀어라.

회화 암송을 통해 입이 근질거리기 시작했다면, 대화 상대를 찾아

나설 때입니다. 관광 한국의 입지 덕분에 명동에 나가면 외국인 여행자를 만나는 게 어렵지 않아졌지요. 서울이 아니라면 동네에서 멀지 않은 관광지를 찾아가봅시다. 외국인을 만나면 일일 가이드를 자청하고 즉석 한국 홍보대사가 되어보세요. 외국인 앞에서 서툰 영어로 말하기가 부끄럽다고요? 십중팔구 그 외국인의 한국어보다는 당신의 영어가 백배 나을 것입니다. 외국어를 배우겠다는 것은 그 자체로 원어민들이 경의를 표하는 노력이에요. 자신의 노력을 스스로 높이 평가하자고요. 당장 우리도 한국어를 배우려는 외국인을 보면 정이 가지 않나요?

일본어를 공부하던 시절, 배낭여행 중에 숙소에 가면 꼭 일본 사람이 있는지 물어봤습니다. 희한하게도 전 세계 어디에 가든 일본인 여행자 한두 명씩은 꼭 만날 수 있었어요. 일본인 여행자가 있다는 정보를 들으면 공동 주방에 가서 괜히 일본 라면 꺼내놓고 노닥거렸어요. 그러다 일본인 여행자가 나타나면 다가가서 물어봅니다. 이 라면 어떻게 끓이느냐고. 일본 라면을 참 좋아하는데 글자를 못 읽겠다고 엄살을 피웁니다. 그렇게 일본인 친구를 사귀고 일본어를 연습했습니다.

서울의 명동 거리에서 만났든 방콕의 카오산 로드에서 만났든 요즘은 국제적으로 친구 관리하는 일도 어렵지 않아요. 페이스북도 있고 페이스타임이나 스카이프도 있으니까요. 외국인 친구가 있다면 공짜로 외국어 공부 하기 정말 좋은 세상입니다. 외국인 친구를 사귀는 건 외국어를 공부하는 데 꼭 필요한 과정입니다. 회화의 기초는 독학으로 익힐 수 있어도, 고수가 되려면 누군가와 직접 대화를 해봐야 합니다. 시간을 내어 나와 대화해줄 친구를 사귀려면 끊임없이 들이대고 감동적인 친절을 베풀어야 합니다.

2. 문화를 즐겨라.

언어를 배우는 큰 낙 중 하나는 그 나라 문화를 그 나라 말로 즐길 수 있다는 점입니다. 일본어를 공부할 때는 전철에서 일본 애니메이션 보는 게 낙이었어요. 〈강철의 연금술사〉, 〈나루토〉, 〈원피스〉 등. 재미도 있고 동시에 일본어도 다질 수 있지요. 일본 여행 가면 헌책방에 들러 좋아하는 일본어 만화책을 사 오는 게 필수 코스입니다. 아직 국내에는 번역되지 않은 신간들도 빼놓지 않고 챙기지요.

예전에는 영어 공부 하려고 AFKN 보고, 일본어 공부 하려고 부산 가서 일본 TV를 보던 시절이 있었어요. 지금은 원하면 미국 드라마, 일본 드라마 한껏 볼 수 있죠. 인터넷만 뒤져도 영어 자료, 일본어 자료가 수없이 쏟아집니다. 공짜로 외국어 공부 하기에 이처럼 좋은 시절이 없어요. 영어는 미국 드라마와 팝송으로, 일본어는 애니메이션과 만화로, 중국어는 중국이나 대만 드라마로 공부할 수 있어요. 언어는 문화를 즐기는 첫 번째 관문입니다.

한국어는 세계적으로 봤을 때 소수 민족이 사용하는 제3세계 언어이기 때문에, 한국어로 된 문화는 우리 것밖에 없어요. 남들은 한국의 드라마를 보거나 K-POP을 따라 부르기 위해 한국어를 공부하잖아요? 세계 80개국 이상에서 사용하는 영어를 자유롭게 쓸 수 있게 되면 즐길 수 있는 문화권이 전 세계로 확대되는 것이죠. 문화를 즐기는 것, 영어 공부의 수단이자 목적입니다.

3. 즐거운 꿈을 가져라.

마지막으로 당부하고 싶은 건, 즐거운 꿈을 꾸라는 것입니다. 영어 기초 회화는 누구나 합니다. 고수가 되려면 오랜 중급 과정을 거쳐야 합니다. 이때 필요한 것이 긍정적인 동기부여입니다. 좋은 대학에 못 갈까봐, 입사시험에 떨어질까봐, 회사에서 승진 못 할까봐 같은 부정적인 동기부여는 스스로를 힘들게 해서 결국 목표를 포기하게 합니다. 긍정적인 동기부여! 즐거운 꿈을 갖는 것이 지치지 않는 영어 공부를 위해 필수입니다.

제가 영어를 공부한 목적은 언젠가 세계 일주를 가기 위해서였습니다. 일본어를 공부한 목적은 대박 한류 드라마를 연출하고 싶어서였고요. 제가 만든 드라마가 일본에서 대박이 나면 일본으로 날아가 수많은 일본인 팬 앞에서 현지 언론과 일본어로 인터뷰하는 장면을 수없이 상상해봤어요. 중국어를 공부하는 목적은 언젠가 중국에 가서 한·중 합작 드라마를 연출하는 게 꿈이기 때문입니다. 가슴 설레는 즐거운 꿈을 품으면 지치지 않고, 그때 고수의 경지에 이를 수 있습니다.

독해 자료의 보고
어린이 자료실

아이랑 동네 도서관에 가는 걸 좋아합니다. 아이가 어린이 자료실에서 책을 읽는 동안 저는 영어 서가를 기웃거려요. 요즘 동네 도서관도 참 좋아졌어요. 어린이 자료실에도 영어책이 많습니다. 어머니들의 힘이 크지요. 아이들 영어 공부 시키려는 열혈 주부들이 도서관에 영어 원서를 구입하라고 열심히 주문한 덕분입니다.

원서로 《작은 아씨들(Little Women)》을 읽어도 좋아요. 두꺼워서 약간 부담스럽지만, 워낙 유명한 책이니까요. 번역된 책을 어려서 읽은 기억이 있다면 이번에는 원서로 도전해보세요. 첫 장부터 '작은 아씨들'이 쉴 새 없이 수다를 떱니다. 회화 공부를 위해서는 심리나 장면 묘사보다 이렇게 대화문이 많은 소설이 좋습니다. 요즘은 잘 쓰지 않는 표현이 나온다는 게 좀 아쉽네요.

쉬운 현대식 영어 표현을 원한다면 《미스터리 A에서 Z까지(A to Z Mysteries)》 같은 어린이용 시리즈도 좋습니다. 영어는 참 쉬운데, 이야기가 좀 유치한 게 흠이랄까요? 물론 초등용 영어라고 만만하진 않아요. 회화 공부를 위해서라면 〈타임〉보다 어린이 책을 읽는 편이 낫습니다.

영어는 쉽지만 좀더 어른스러운 위트를 원한다면 《윔피 키드 (Diary of a Wimpy Kid)》 시리즈도 재미있어요. 영화로도 나왔으니 영화를 한 편 보고 읽어도 좋겠지요. 삽화가 들어 있어 책이 술술 쉽게 읽힙니다.

아이에게 소리 내어 영어책도 읽어주고 본인의 발음 연습도 하고 싶다면, 《닥터 수스(Dr. Seuss)》 시리즈를 권합니다. 밤에 아이들 재우기 전에 읽어주면 참 좋아합니다. 운율과 각운이 딱딱 맞아 소리 내어 낭송하기 좋은 미국 어린이용 판소리지요. 닥터 수스 이야기는 영화화도 많이 되었으니 아이랑 영화를 같이 봐도 좋습니다.

《삐삐 롱스타킹(Pippi Longstocking)》이나 《아낌없이 주는 나무 (The Giving Tree)》 등 어려서 읽은 책을 영어 공부를 겸해 다시 읽어도 좋아요. 다 도서관 어린이 자료실 영어 서가에 가면 찾을 수 있어요(없으면 도서관에 도서 신청을 하셔도 됩니다. 우리의 수고 덕분에 영어 서가가 더 풍성해질 것입니다).

초등학교 시절의 추억이 하나 있어요. 어느 날 학교 마치고 나오는데 정문 앞에 못 보던 손수레 행상이 있었습니다. 생전 처음 보는 간식을 팔았는데, 바로 식빵 토스트 튀김이었어요. 하나에 50원. 너무너무 맛있어 보이는데 당시 제 하루 용돈이 10원이었습니다. 10원이면 그때 '라면땅' 과자 하나를 살 수 있었어요. 거기 비하면 토스트 튀김은 신제품답게 당시로서는 상당히 고가였던 셈이지요. 그날부터 저는 용돈을 모았습니다.

닷새째 되는 날 수업이 끝나자 50원을 쥐고 교문 앞으로 나갔는데, 행상 아저씨의 모습이 보이지 않았어요. 50원을 손에 쥐고 거리를 찾아 헤맸지만 튀김 토스트 아저씨는 보이지 않고, 결국 저는 그 토스트를 먹어보지 못한 채 유년 시절을 마감했지요. 돈이 부족해 토스트를 사 먹지 못한 그날의 아쉬움은 아직도 기억에 선합니다.

드라마 촬영을 하다 문득 길거리 행상에서 튀김옷을 입힌 토스트를 보면 꼭 하나 사 먹어요. 그럼 같이 일하는 조연출이 놀라 묻습니다.

"감독님 출출하세요? 가서 간식거리 사 올까요?"

그럼 저는 빙긋이 웃습니다.

"아냐. 이건 그냥 어린 시절의 나를 위한 선물이야."

어른의 삶은 어린 시절의 자신을 위한 선물입니다. 도서관 어린이 자료실에 가서 어려서 읽지 못한 책을 다시 읽습니다. 이제는 영어 원서로 읽을 수 있다는 게 어른이 된 기쁨이지요. 아이와 일주일에 한 번은 꼭 동네 도서관에 갑니다. 어린이 자료실에서 아이에게 책 읽어주는 아빠, 이게 내가 꿈꾸던 어른의 모습이니까요.

회화 실력이 쑥쑥 느는
영어 소설책 읽기

추운 겨울밤 드라마 야외 촬영은 진짜 힘듭니다. 밤샘 촬영 중 졸음도 쫓고 추위도 잊자며 누군가 질문을 던졌어요.

"만약 말이야, 딱 한 가지 초능력을 얻을 수 있다면 어떤 능력을 갖고 싶어?"

조연출이 얘기했어요.

"전 공간 이동 능력이요. 그럼 아침 6시 55분까지 푹 자고 7시에 촬영 버스에 짠 하고 나타날 수 있잖아요."

옆에서 조명감독이 거들었죠.

"난 염력. 이 추운데 일일이 전선 깔고 라이트 옮길 필요 없이 그

166

냥 원하는 위치에 라이트를 딱 갖다놓게.”

장소 섭외 담당자는 천리안을 갖고 싶다고 했습니다. 굳이 헌팅을 가지 않고도 멀리 있는 장소를 볼 수 있게 말이지요. FD는 독심술로 PD가 말을 안 해도 다음 장면에 뭐가 필요한지 미리 알고 싶다고 했어요. 한창 얘기를 하다 문득 슬퍼졌어요.

‘젠장, 전부 일을 잘하게 하는 초능력이잖아?’

지구 최고 갑부 중 한 사람인 빌 게이츠에게 누가 물었습니다.

“원하는 초능력을 얻을 수 있다면 어떤 힘을, 왜 얻고 싶은가요?”

빌 게이츠가 “오래 사는 거?” 했더니 옆에 앉은 워런 버핏이 “그건 재미없잖아?” 하고 능칩니다. 그러자 빌 게이츠가 “read books super fast”, 그러니까 책을 엄청 빨리 읽는 것이라고 답합니다. 워런 버핏이 옆에서 거들지요.

“빌은 책을 진짜 빨리 읽어요. 나보다 3배는 빠르지. 말인즉슨 나는 책 읽느라 인생에서 10년을 날린 거야.”

빌 게이츠도 그렇지만 워런 버핏의 독서량도 엄청납니다. 열여섯 살에 이미 경영 관련 서적 수백 권을 읽었고, 일반인보다 독서량이 다섯 배는 많은 걸로 유명하지요. 두 사람은 책에서 얻은 통찰력으로 자본주의 세계를 지배합니다. 그런 다독가들도 책을 더 빨리 읽는 것이 소원이라니 참, 욕심은 끝이 없죠?

저도 책을 꽤 빨리 읽는 편입니다. ‘나는 어떻게 이렇게 책을 빨리 읽는 걸까?' 생각해보니 이것도 영어 공부 덕이 컸어요. 책을 읽을 때 한 글자 한 글자 끊어서 읽기보다 여러 단어를 의미 단락별로 한 번에 모아서 읽거든요. 단어를 묶어서 파악하는 습관은 영어 문장 암기 덕에 얻은 것입니다.

《해리 포터와 마법사의 돌》을 원서로 읽는 경우를 예로 들어볼게요. '마법사의 돌'에 관한 비밀을 캐던 해리와 헤르미온느가 해그리드와 마주치는데, 그는 뭔가 숨기는 듯 허둥대며 가버립니다. 헤르미온느가 해리에게 묻습니다.

"What was he hiding behind his back?"
"Do you think it had anything to do with the Stone?"
"I'm going to see what section he was in."
"Dragons! Hagrid was looking up stuff about dragons! Hagrid's always wanted a dragon, he told me so the first time I ever met him."

"등 뒤에 숨긴 게 뭐지?"
"마법사의 돌이랑 관계가 있다고 생각해?"
"어떤 서가에 있었는지 가서 볼게."

"용이야. 해그리드는 용에 대한 책을 찾아보고 있었어!
해그리드는 항상 용을 원했지. 처음 만났을 때 그렇게
말했어."

- 《The Harry Potter and the Sorcerer's Stone》(J.K. Rowling, Scholastic)

참고로 회화 공부를 위해 영문 소설을 읽는다면, 지문은 빨리 넘
기고 대화 위주로 읽는 게 속독의 비결입니다. 이야기의 흐름은 대
화만 읽어도 파악이 되고, 대화문을 많이 읽으면 회화가 자연스럽
게 늘거든요. 위의 문장을 암송한다고 해보죠. 아래처럼 끊어 외울
수 있습니다.

What was he hiding 뭘 숨겼지? / behind his back?
등 뒤에 / Do you think 생각해? / it had anything to
do with 관계가 있다 / the Stone? 그 돌? (마법사의 돌)
I'm going to see 가서 봐야지 / what section 어떤
부분에 / he was in. 그가 있었는지
Dragons! 용!
Hagrid was looking up 해그리드가 찾아본 건
/ stuff about dragons! 용에 대한 것
Hagrid's always wanted a dragon, 해그리드는 늘

용을 원했어 / he told me so 내게 그렇게 말했어

/ the first time 처음으로 / I ever met him. 내가 그를

만났을 때

위의 대화를 암기하려면, 일단 몇 번 소리 내어 읽은 다음, 앞에서 알려드린 요령대로 쪽지에 적습니다.

뭘 숨겼지? 등 뒤에. 넌 생각해? 관계가 있다고, 그 돌이랑? 가서 볼 거야, 어떤 부분에, 그가 있었는지. 용이야. 해그리드가 찾아본 건, 용에 대한 것.

이렇게 의미 단락으로 나누어 문장을 외우면, 회화 응용도 쉬워집니다. 새로운 문장을 만들 때 말의 뼈대가 되는 것은 기존에 외워둔 의미 단락들입니다. 상황에 맞는 단어만 넣어주면 회화가 완성됩니다. 소설 속에 나온 대화는 다음처럼 실전 회화로 응용할 수 있습니다.

What was she hiding / under the table?

그녀가 숨긴 것 / 탁자 아래

Do you think / it had anything to do with /

Korean TV dramas?

너는 생각해? / 관계가 있다 / 한국 TV 드라마

I want to know / what film she is interested in.

나는 알고 싶다 / 어떤 영화에 그녀가 관심이 있는지

She was looking up / stuff about cosmetics. /

She always wanted fair skin, / she told me so /

the first time I ever met her.

찾아보고 있었어 / 화장품 관련 항목 / 항상 하얀 피부

를 원했어 / 그렇게 말했지 / 처음 그녀를 만났을 때

그녀가 탁자 아래 숨긴 게 뭐야?

그게 한국 TV 드라마랑 관계가 있다고 생각해?

나는 그녀가 어떤 영화에 관심 있는지 알고 싶어.

그녀는 화장품에 대해 찾아보고 있었어. 항상 깨끗한

피부를 원한다고 내가 처음 그녀를 만났을 때 그렇게

말했어.

이렇게 몇 개 단어를 모아서 의미 단락으로 한 번에 뜻을 파악하

는 버릇을 들이면 자연히 책 읽기도 빨라집니다.

빌 게이츠가 탐내는 초능력을 얻는 방법, 당신도 갖고 싶은가요?

평소 책을 많이 읽고 영어 문장을 외우세요. 책을 더 빨리, 많이 읽으면 빌 게이츠나 워런 버핏처럼 언젠가 세계 최고의 갑부가 될 수 있을까요? 제 경우를 보면, 그냥 대본을 빠르게 파악하는 드라마 PD가 되더군요. 어려서 꿈은 돈 벌어서 책을 마음껏 읽는 것이었어요. 천하의 빌 게이츠도 책을 더 많이 읽는 게 꿈이라고 말하잖아요? 그런데 굳이 갑부가 아니어도 도서관에 가면 책은 얼마든지 읽을 수 있어요. 언젠가 퇴직하면 도서관에서 책이나 실컷 읽었으면 좋겠어요. 인생, 그것보다 더 바라면 욕심이지요.

드라마에서
건진 인생 교훈

드라마 PD로서 미국이나 일본의 드라마를 보며 연출 공부를 하는데 가끔 좌절감을 안겨주는 작품을 만납니다. 〈왕좌의 게임〉이 그랬어요. 〈반지의 제왕〉을 보면서, '저건 할리우드 영화니까, 뭐' 했는데, 미국 드라마도 영화 뺨치게 잘 만들더군요. 우선 원작 소설이 압권입니다. 그 원작에 담긴 방대한 스케일의 전개와 세계관을 드라마로 탁월하게 살려냈습니다. 소설을 본 후 드라마를 봤다면 실망했을지 모르나, 드라마에 매혹된 팬이라면 원작 소설을 통해 더욱 풍성한 이야기를 만날 수 있어요.

《왕좌의 게임》을 영어 원서로 읽었습니다. 전자책으로요. 어떤 이는 전자책이 종이책의 질감을 따라오지 못한다고 하는데, 전자책에도 장점이 있어요. 저는 아이패드의 전자책 리더 앱인 아이북스나 갤럭시 노트의 리디북스 앱을 씁니다. 전철에서는 휴대전화로 읽고, 집에 가서는 아이패드를 펼치죠. 리디북스는 하드웨어가 바뀌어도 진도가 저장되어 이어 읽기 편합니다. 텍스트 복사하기 기능이 있어서 연관 검색도 수월합니다. 읽다가 뜻을 모르는 단어를 만나면 카피해서 인터넷 검색창에 붙여넣기만 하면 돼요.

《왕좌의 게임》에서 저는 극중 난쟁이로 나오는 타이리온 라니스터와 스타크 가문의 서자인 존 스노우를 좋아합니다. 존 스노우는 영주의 아들이지만, 배다른 자식이라 어머니가 누군지도 모릅니다. 존은 누가 'bastard(후레자식)'라고 부르면 발끈합니다. 요즘은 영어에서 흔한 욕이지만 말의 어원은 서자, 즉 첩이나 하녀의 자식을 뜻합니다. 아버지를 아버지라 부르지 못하는 홍길동 같은 운명이죠. 그런 운명을 타고난 스노우에게 타이리온 라니스터가 이렇게 말해요.

"Let me give you some counsel, bastard."
Lannister said. "Never forget what you are, for
surely the world will not. Make it your strength.
Then it can never be your weakness. Armor

yourself in it, and it will never be used to hurt
you."

"내 충고 하나 하지." 라니스터가 말했다. "절대 너 자신
이 서자라는 걸 잊지 마. 왜냐하면 세상은 그 사실을 절
대 잊지 않을 테니까. 그걸 너의 강점으로 만들어. 그럼
그게 절대 너의 약점이 되진 않을 거야. 그걸로 스스로
무장한다면, 남들이 그걸로 너를 공격할 수 없단다."

강연을 할 때 외모에 대한 자학 개그로 사람들을 웃기면, 가끔
"그렇게 못생긴 편이 아닌데 왜 자꾸 그런 농담을 하십니까?" 하고
물어보는 사람이 있어요. 그때마다 세상에는 진짜 천사가 있다는
걸 깨닫습니다. 고등학교 때 제 외모는 볼품없었어요. 마르고 까맣
고 입술이 두꺼운데, 심지어 턱에 커다란 화상 흉터까지 있거든요.
반에서 가장 못생긴 아이 1등 먹은 적도 있어요. 사춘기 때는 외모
때문에 주눅이 많이 들었어요. 또래 아이들의 외모 놀림은 빠져나
올 수 없는 모래지옥입니다. 화를 낼수록 더 재미있어 하니까요. 가
장 좋은 대처법은 무시하는 건데 어린 마음에 그게 너무 힘들었어요.
서울로 대학을 오면서 왕따는 끝났으니 외모 때문에 고민할 일
은 없다고 생각했어요. 그런데 소개팅 나가서 번번이 차이니까 겁

이 나더군요. '나 진짜 못생긴 거야?' 부족한 외모를 의식하느라 주눅이 들었어요. 나를 놀리는 친구들이 사라졌건만, 그들이 남긴 상처를 나 스스로 키우고 있었어요. '애들이 놀려서 못난 놈이 되는 게 아니라, 그 놀림을 영원히 간직해서 진짜 못난 놈이 되는구나.' 남들이 놀리면 상처가 되지만, 스스로 그걸 갖고 놀면 웃음의 소재가 됩니다. 못생긴 왕따로 불행하게 사느냐, 못생긴 광대로 즐겁게 사느냐. 내 인생을 결정하는 건 남이 아니라 나라고 믿었어요.

언젠가 함박눈이 서울 시내를 뒤덮은 날, 전철역 가는 길을 묻는 시각장애인 아저씨를 만났습니다. 마침 저도 같은 방향으로 가는 길이라 안내해드렸습니다. 내 팔을 잡고 따라오던 아저씨가 물었습니다.

"눈이 많이 오나 보죠?"

"네, 이런 날은 길이 미끄러워 힘드시죠?"

"미끄러운 건 오히려 괜찮아요. 발바닥의 감각이 예민하거든요. 다만 저는 밝고 어두운 것으로 사물의 형체를 구분하는데, 이렇게 눈이 오면 온 세상이 하얘져서 길을 찾기가 아주 어렵답니다."

"눈이 불편한데도 잘 다니시네요."

"하늘이 참 고마운 게요, 시력을 잃으면 다른 감각이 대신 발달한답니다. 발바닥으로 길을 찾거든요."

눈먼 아저씨의 밝은 표정을 보며 부끄러웠어요. '몸 불편한 것보

다 더 불행한 건 마음이 불편한 건데, 나는 왜 건강한 몸에 걱정을 키우며 살았을까?'

결국 세상만사는 마음먹기 나름입니다. 소설《왕좌의 게임》에서 읽은 영어 대사를 노트에 적어놓고 다시 소리 내어 읽어봅니다.

Never forget what you are, for surely the world will not. Make it your strength. Then it can never be your weakness. Armor yourself in it, and it will never be used to hurt you.

영어 공부를 겸해 원서를 읽는다면 좋은 문장을 수첩에 모아보세요. 나만의 영어 명언집이 완성됩니다. 배낭여행을 갔을 때 미국 친구랑 이야기를 나누다 드라마 〈왕좌의 게임〉 얘기가 나올 수도 있잖아요. 그때 "나는 말이야, 타이리온 라니스터의 그 대사가 참 좋아" 하고 소리 내어 외워보는 겁니다. 영어 공부도 되고, 인생 공부도 되고, 친구도 사귈 수 있는 좋은 길이 여기 있어요.

영어 읽기 습관에 좋은
리더스 다이제스트

어린 시절 〈리더스 다이제스트(Reader's Digest)〉라는 미국 잡지를 즐겨 읽었는데, 특히 '웃음이 보약'이라는 코너를 좋아했습니다. 라디오 〈두시탈출 컬투쇼〉 '사연진품명품' 코너의 편지글 버전이라 할 수 있어요. 우울할 때 최고의 처방은 역시 웃음이더군요. 그래서 잡지에 실린 조크를 열심히 읽었습니다. 늘 조크를 찾아 읽었던 걸 보면 늘 우울했던 것일까요. 어린 시절, 우울할 때마다 도서관을 찾았습니다. 도서관에 가서 부담 없이 읽을 수 있었던 게 〈리더스 다이제스트〉였어요.

《미래를 만드는 도서관》(스가야 아키코 지음, 이진영 · 이기숙 옮김, 지식

여행)은 원제가 'New York Public Library(뉴욕 공공도서관)'이에요. 그 책에 20세기 초반, 잡지 창간이 꿈이었던 가난한 한 청년이 뉴욕 공공도서관 간행물실에서 신문과 잡지를 읽는 얘기가 나옵니다. 1922년, 33세의 나이에 잡지 창간을 하게 된 그는 포켓 사이즈의 월간지에 일류 잡지에서 가려낸 기사나 읽을거리를 압축해 독자들에게 간편하고 손쉬운 독서의 재미를 제공했어요. 그것이 바로 〈리더스 다이제스트〉입니다. 잡지가 성공한 후 그는 자신의 꿈을 키워 준 도서관에 거액을 기부했고, 그런 까닭으로 뉴욕 공공도서관에 '다윗 월리스 정기 간행물실'이 생겼죠.

영문판 〈리더스 다이제스트〉는 영어 원서 읽는 습관을 기르기에 참 좋은 잡지입니다. 여러 기사의 핵심을 요약해서 내용도 알차고, 일반 독자들이 보낸 사연도 재미있어요. 무엇보다 표현이 쉬워서 영어 독해를 공부하기에 좋더군요. 예전에는 용산 미군 부대 앞 헌책방에 가면 영문판 〈리더스 다이제스트〉를 헐값에 팔았습니다. 시사 주간지와 달리 〈리더스 다이제스트〉는 시의성이 없기에 과월호를 읽어도 재미있어요. 책이 작아서 휴대성이 좋고 가독성도 뛰어납니다. 요즘은 헌책방을 뒤지거나 도서관을 찾을 필요도 없어요. 모바일 사이트에 〈리더스 다이제스트〉가 통째로 들어 있거든요.

● 〈리더스 다이제스트〉 온라인 홈페이지

www.rd.com

우선, 전체 차례를 살피면서 본인의 관심 분야가 어디에 있는지 찾아보세요.

● 〈리더스다이제스트〉 성격 유형 코너

www.rd.com/arts-entertainment/personality-types/

전국민이 좋아하는 마이어스–브릭스 성격유형지표(MBTI)부터 점성술에 이르기까지 우리의 성격에 대해 참고할 만한 기사들을 묶어놓았습니다. 손글씨나 목소리, 좋아하는 아이스크림, 집 장식과 성격이 어떻게 연관되는지 재미 삼아 살펴보세요.

● 창의적인 사람들이 하는 일(기사)

www.rd.com/health/wellness/things-creative-people-do/

《창의성을 어떻게 기를 것인가》에 대한 책에서 핵심만 정리해둔 기사입니다. 이런 핵심 요약이 바로 이 잡지의 특기죠. 아직도 감이 살아 있네요. 〈리더스 다이제스트〉!

● 로맨틱 영화 추천 목록(기사)

www.rd.com/culture/romantic-movies/

극장 가기 귀찮아 집에서 영화 한 편 다운받아 보려고 할 때, 뭘 봐야 할까 망설인 적이 있나요? 그럴 때 참고할 만한 목록입니다. 데이트할 때 써먹을 수 있는 이런 알짜 정보가 많아요.

● **50년을 해로한 부부들이 들려주는 행복한 결혼생활을 위한 충고 (기사)**

www.rd.com/advice/relationships/marriage-advice-50-years/

결혼생활, 어떻게 하면 오래오래 행복하게 할 수 있을까? 그 비결을 들려줍니다. 행복한 삶을 위해 가장 소중한 충고가 아닐까요.

영어 독해를 공부하고 싶은데 당장 읽을 만한 영어책이 없다면, 〈리더스 다이제스트〉 모바일 사이트를 휴대전화에 즐겨찾기 해놓으세요. 전철에서 짬짬이 읽어도 큰 도움이 됩니다.

누누이 말하지만, 영어 공부는 좋은 습관을 들이는 게 관건입니다. 우울할 때 휴대전화 게임 대신 〈리더스 다이제스트〉 조크 사이트를 방문해보세요. 영어로 된 우스갯소리를 읽는 것은 독해 공부에 좋은 동기부여가 됩니다. 이게 왜 웃기는지 이해가 안 갈 때마다 공부를 더 해야겠다는 투지가 솟아오르니까요.

〈리더스 다이제스트〉 '우스개 코너'를 자주 방문하는데요, 그중에서 몇 개를 소개합니다.

1.

A Canadian psychologist is selling a video that teaches you how to test your dog's IQ. Here's how it works: If you spend $12.99 for the video, your dog is smarter than you.

캐나다 심리학자가 애완견의 아이큐를 테스트하는 비디오를 판답니다. 어떻게 하는 건지 알려드리죠. 그 비디오를 사느라 12.99달러를 지불한다면, 당신의 개가 당신보다 더 똑똑한 겁니다.

2.

I'm a dog trainer. Before I met with a new client, I had her fill out a questionnaire. One question asked, "Why did you choose this breed?"
My client responded, "I often ask myself this very same question."

저는 개 훈련사입니다. 새로운 고객을 만나기 전에 항상 설문지를 받습니다. 질문 중 하나는 "이 종을 선택한 이유는 무엇인가요?"입니다. 고객 한 분이 이렇게 답했어요. "저도 종종 똑같은 질문을 저 자신에게 하지요."
(결혼상담소에서 배우자를 선택한 이유를 물으면 비슷한 답변들을 합니다. "저도 그게 제일 궁금합니다. 내가 왜 이 남자를 선택했는지.")

3.

A dog goes into a bar and orders a martini. The bartender says, "You don't see a dog in here drinking a martini very often."

The dog says, "At these prices, I'm not surprised."

개 한 마리가 술집에 가서 마티니를 시킵니다. 바텐더 왈 "여기 와서 마티니 마시는 개는 흔히 볼 수 없는데." 개가 대꾸합니다. "이 정도 가격이라면, 놀랄 일도 아니군요."

4.

A burglar breaks into a house. He starts shining his light around looking for valuables. Some nice things catch his eye, and as he reaches for them, he hears, "Jesus is watching you." Startled, the burglar looks for the speaker. Seeing no one, he keeps putting things in his bag, again, he hears, "Jesus is watching you." This time, he sees a parrot.

"Who are you?" the burglar asks.

"Moses," the bird replied.

"Who the heck would name a bird Moses?" the man laughed.

"I dunno," Moses answered, "I guess the same kind of people that would name a Rottweiler Jesus."

도둑이 어떤 집에 숨어들어요. 귀중품을 찾느라 라이트를 여기저기 비춰봅니다. 좋은 물건이 눈에 띄어 손을 뻗는데 누군가 말합니다.

"예수님이 당신을 지켜보고 있다."

깜짝 놀라서 주위를 둘러보지만, 아무도 없어요. 물건을 가방에 챙기는데 다시 그 소리가 들립니다. "예수님이 당신을 지켜보고 있다." 둘러보니 앵무새 한 마리가 보입니다.

"넌 누구니?" 도둑이 물어요.

"난 모세야." 새가 대답해요.

"도대체 어떤 인간이 앵무새에게 모세라는 이름을 지어주는 거지?" 하고 도둑이 웃어요.

"몰라." 앵무새가 대꾸합니다. "로트와일러에게 예수님이라는 이름을 붙여주는 사람이지, 뭐." (로트와일러는 사납고 용맹스러워 집 지키는 개로 최고라지요? 그 도둑, 임자 만났군요.)

5.

A Twitter exchange between an angry customer and an apologetic Domino's Pizza:

Customer : Yoooo! I ordered a Pizza & Came with no Toppings on it or anything. It's Just Bread.

Domino's : We're sorry to hear about this!

Customer : (minutes later) Never mind, I opened the pizza

upside down.

화난 손님과 시괴히는 도미노 피자 직원 간의 트위터 글.

손님 : 당신들! 피자를 시켰는데 토핑을 빼먹었어! 그냥 빵만 덜렁 왔다고.

도미노 : 정말 죄송합니다!

손님 : (잠시 후) 괜찮아요. 내가 상자를 뒤집어서 열었어요.

영영사전 vs 위키피디아

어떤 분이 물었습니다.

"영어 공부할 때 영한사전을 볼까요, 영영사전을 볼까요?"

처음엔 아무래도 영한사전이 편하겠지만 본격적으로 영어를 공부한다면 영영사전을 권합니다.

저는 영어 공부에 한창 미쳐 있을 때 지하철에서 심심하면 롱맨 영영사전을 꺼내 읽었습니다. 영영사전을 읽으면 재미도 있지만 깨달음도 얻습니다. 아무리 어려운 단어라도 쉬운 문장으로 다 설명할 수 있구나 하고요. 영영사전은 2,000개 기본 단어로 거의 모든 단어와 상황을 설명해요.

《정재승의 과학 콘서트》(정재승 지음, 어크로스)를 보면, '지프의 법칙'이라는 게 나옵니다. 미국 하버드대학교의 언어학자 조지 지프가 영어로 된 책에 나오는 단어들을 모두 세어 빈도를 조사했더니, 자주 사용하는 단어는 극히 소수에 불과하고 대부분의 단어는 쓰이는 횟수가 아주 적었다고 해요. 한국어를 두고도 비슷한 연구를 했는데, 사용 빈도 상위 1,000개의 단어만 알면 누구든 한국어의 75퍼센트를 이해할 수 있답니다.

어려운 단어는 그만큼 활용도가 낮은 단어입니다. 굳이 어려운 단어를 외우려고 하지 말고, 쉬운 단어를 활용하면서 익히는 게 좋습니다. 그렇게 하면 회화 실력이 금세 늡니다. 쉬운 단어 1,000개만 알아도 어지간한 회화는 가능하거든요. 중·고등학교까지 배운 영어 단어면 충분해요.《VOCA 22000》처럼 어려운 책을 공부하지 말고, 차라리 영영사전을 보면서 'give'나 'take' 같은 기본 동사의 예문을 읽는 편이 낫습니다. 영영사전의 예문은 단순하면서도 활용도가 높은 주옥같은 문장들이니까요. 단순하고 쉬운 것이 좋은 것입니다. 어려운 말보다 쉽게 이야기하는 것, 그게 진짜 회화 고수로 가는 길이에요.

요즘은 영영사전을 사서 들고 다니는 사람은 없더군요. 롱맨 영영사전도 절판되었습니다. 전자사전 앱이나 인터넷 검색을 이용하니까요. 추억의 롱맨 영영사전은 이제 온라인판으로만 남아 있습니다.

● **롱맨 영영사전**

www.ldoceonline.com

예전에는 돈 주고 샀던 것을 이제는 온라인에서 다 공짜로 쓴다고
생각하니, 세상 참 좋아졌네요.

《드라이브》(다니엘 핑크 지음, 김주환 옮김, 청림출판)라는 책 앞머리에
이런 이야기가 나옵니다.

> "두 개의 백과사전이 있습니다. 하나는 세계 최고의 소프트웨
> 어 회사인 마이크로소프트에서 각 분야의 전문가들을 모아
> 편찬한 것이고, 또 하나는 수만 명의 일반인들이 돈 한 푼 안
> 받고 재미 삼아 만든 거죠. 자, 두 개의 백과사전 중 15년 뒤에
> 무엇이 성공할까요?"

우리는 이제 답을 알지요. 마이크로소프트에서 많은 돈을 투자
한 전자 백과사전 엔카르타는 망했고, 아마추어들의 재능 기부로
만들어진 위키피디아가 성공했다는 걸. 하지만 당시에는 아무도
이 같은 결과를 예상하지 못했지요. 돈 받고 일하는 사람이 재미로
노는 사람을 못 당합니다. 예전에는 영영사전과 영자 신문과 〈타

임〉 등을 보며 영어를 공부했다면, 앞으로는 유튜브나 〈TED〉나 위키피디아를 보면서 노는 사람이 영어를 더 쉽게 배울 것입니다.

궁금한 게 있다면, 즐겨찾기 해둔 위키피디아 영문 홈페이지에 들어가 영문으로 검색해보세요. 화면 속에 파란색으로 표시된 단어를 마구 눌러보세요. 위키피디아 속 다양한 단어와 표제어의 세계를 항해하는 것만으로도 즐거운 웹 서핑을 즐길 수 있습니다. 그 속에서 새로운 영어 표현을 배우는 것은 덤이고요. 기억하세요, 열심히 하는 사람이 즐기는 사람을 당해내지 못하는 세상이 왔다는 걸.

영어시험
잘 보는 비결

가끔 영어시험 잘 보는 방법에 대해 묻는 사람을 만납니다.
토익에서 문법이나 어휘는 자신 있는데, LC(리스닝) 파트가 어려워
점수가 안 나온다는 사람도 있어요. 언어는 듣고 말하고 읽고 쓰기
가 유기적으로 연결되어 있습니다. 시험 보는 요령을 생각하면 하
나하나를 시험 과목으로 분리해 따로 공부하게 됩니다. 잘하는 부
분은 쉬우니까 자꾸 하고, 어려운 부분은 막히니까 건너뜁니다. 그
래서 잘하는 파트, 못하는 파트의 격차가 생기는 겁니다.

문제 설계가 잘된 시험이라면 뒤로 갈수록 조금씩 어려워집니
다. 청취든 독해든 마지막 고난도 문제는 놓칠 수 있어요. 하지만
어떤 과목이든 쉬운 문제는 다 맞혀야 합니다. 쉬운 문제를 놓치면
절대 고득점이 안 나옵니다. 어느 한 부분이 약하다는 건 언어를
공부한 게 아니라 문제 푸는 요령만 익혔다는 뜻이거든요.

영어시험을 잘 보는 요령은 간단합니다. 영어 문장을 많이 접하
는 것이지요. 지문을 읽다 보면 어색한 문장이 눈에 띕니다. 속으로

읽어보면 입에 붙지 않는 예문들이 있어요. 그게 바로 틀린 보기입니다.

예전에 영어를 고시 공부 하듯 공부한다고 했더니 누가 그러더군요. "그럼 너도 단권화 작업 하니?"

단권화 작업이란 한 권의 책을 골라 그 책만 반복해서 읽으며 공부한다는 뜻입니다. 고시생들은 형법이든 민법이든 교재는 한 권만 선택하고, 그 책을 여러 번 반복해서 공부한답니다. 다른 참고서나 강의에서 배운 지식은 그 책의 관련 페이지 여백에 기록합니다. 그 한 권만 들여다보면 시험에 대한 체계가 딱 잡히도록 말이지요.

영어시험을 위한 공부를 하다 보면 중간에 포기하는 경우가 많습니다. 공부가 안 될 때 보통 환경을 탓하거나, 선생을 탓하거나, 교재를 탓합니다. 책만 바꾸면 금세 늘 것 같지만, 오히려 그 반대이기 십상입니다. 쉬운 앞부분은 반복해서 보는데, 정작 자신이 모르는 뒷부분까지는 진도를 나가지 못해 모르는 채로 남으니까요. 이렇게 공부하면 책장에 토익이나 토플 책의 숫자는 느는데 정작 실력과 점수는 늘지 않아요. 고득점을 좌우하는 고난도 문제는 뒤에 주로 나오기 때문입니다.

저는 법대 고시생들의 조언을 받아들여 여러 권을 읽기보다 한 권을 여러 번 읽었습니다. 페이지를 펼치면 그 장의 내용이 쓱 떠오를 때까지 반복해서 읽었어요.

책 표지 뒷장에다는 언제 공부를 시작해 언제 끝냈는지 적어뒀습니다. 반복해서 공부하면 갈수록 공부하는 시간이 줄어듭니다. 처음에는 몇 달에 걸쳐 보았는데 열 번째에 이르면 훑어만 봐도 다 아는 내용이기에 소설 읽듯이 술술 넘어가지요. 이쯤 되면 진짜 뿌듯합니다. 중요한 건 반복입니다. 영어시험용 교재는 처음부터 끝까지 반복해서 여러 번 봐야 체계가 잡힙니다.

처음 공부할 때는 모르는 단어를 해설하느라 빨간색으로 주석을 달고, 두 번째 공부할 때는 중요한 표현에 줄을 치고, 세 번째 공부할 때는 관련 상용구를 적느라 파란 글씨로 첨언을 했습니다.

단권화 작업을 한 건 대학 시절인데, 그 도움을 가장 많이 받은 건 졸업 후였지요. 1992년에 졸업한 저는 이후에도 몇 차례 영어시험을 봤습니다. 첫 번째가 1994년에 통역대학원 입학시험 볼 때고, 두 번째가 1996년에 MBC 입사시험 볼 때였습니다. 몇 년 만에 영어시험을 보니 긴장되더군요. 그때마다 단권화 작업을 해둔 영어 교재를 펼쳐 들었습니다. 특히 MBC 공채 영어 필기시험을 준비하면서는 전날 책을 펼치고 몇 시간 만에 다 봤어요. 예전에 공부한 내용이 머릿속에 다시 떠오르면서 소설 읽듯 술술 넘어가더군요. 그 순간 자신감이 생겼어요. 시험에서 어떤 문제가 나와도 당황하지 않을 자신감.

영어 단권화 작업은 토익이나 토플 시험을 준비하는 분들께 권하고 싶어요. 어떤 지식을 완벽하게 내 것으로 만드는 방법은 시간을 두고 반복하는 데 있거든요.

5장

영어 공부
즐겁게,
계속하자

Life is all about evolution. What looks like a mistake to

others has been a milestone in my life. Even if people

have betrayed me, even if my heart was broken, even

if people misunderstood or judged me, I have learned

from these incidents. We are human and we make

mistakes, but learning from them is what makes the

difference.

– Amisha Patel

영어도 잘하고 싶다면
계속해야 한다

무엇이든 잘하고 싶으면 오래 해야 하고, 오래 하려면 과정이 즐거워야 합니다. 영어 공부도 마찬가지예요. 책을 외우는 방식은 처음엔 좀 힘들 거예요. 하지만 일단 책 한 권을 외우고 나면, 이제 영어를 이용하여 대중문화도 즐길 수 있습니다. 미드를 자막 없이 보고, 지하철에서 영문 페이퍼백 소설을 읽고, 하버드대학교 영어 강의를 스마트폰으로 즐기는 생활, 이제 조금만 더 가면 가능합니다. 한 번 가볼까요?

1. 회화엔 미드 마니아

〈여왕의 꽃〉 해외 촬영을 위해 대만 가오슝에 갔다가 통역 나온 여대생을 만났어요. 한국어를 무척 잘하기에 어디서 배웠느냐고 물어보니 한류 드라마의 팬이라 드라마를 보며 배웠다고 하더군요. TV를 보면 일본 애니메이션 〈나루토〉를 보다가 일본어가 유창해진 아이나 유튜브를 즐겨 보다 영어를 잘하게 된 아이들이 곧잘 나옵니다.

영어의 기초를 다졌다면 이제 표현을 더 풍부하게 하기 위해 미드를 즐겨도 좋습니다. 미국 드라마는 중독성이 강해서 한번 보면 금세 빠져듭니다. 놀듯이 공부할 수 있어요. 지하철에서 보는 미드가 다 영어 공부의 일환이지요. 드라마를 보고 알아듣지 못하는 대목이 나와도 걱정할 필요가 없습니다. 〈브레이킹 베드〉나 〈뉴스룸〉처럼 유명한 드라마는 인터넷에서 영어 대본을 구할 수 있거든요. 영문 대본을 띄워놓고 드라마를 보는 것도 한 방법입니다.

2. 청취엔 영문 팟캐스트 마니아

아이튠즈를 컴퓨터에 깔거나 아이폰이나 안드로이드폰을 통해 팟캐스트 앱을 깔면 영어로 된 오디오 자료를 쉽게 구할 수 있습니다. 팟캐스트도 좋지만 아이튠즈-U도 좋지요. 세계 유수의 대학 강의를 집에서 공짜로 듣는 즐거움을 누릴 수 있습니다. 《정의란 무엇인가》(마이클 샌델 지음, 김명철 옮김, 와이즈베리)를 재미있게 읽었다면 아이튠즈 검색창에 'Justice with Michael Sandel'이라고 쳐보세요. 하버드 법대 강의도 내 방에 앉아 공짜로 들을 수 있어요.

초보자들을 위한 팟캐스트로는 BBC의 라디오 프로그램을 추천합니다. 미국 공중파 라디오 NPR에도 좋은 프로그램이 많아요. 영어를 외국어로 공부하는 이들을 위한 초급 회화 방송도 있으니 한번 찾아보시길.

아이튠즈에서 'FREE'라는 글자가 무수히 뜨는 걸 보면 황홀경에 빠집니다. 영어 하나만 잘해도 공짜로 누릴 수 있는 게 얼마나 많은지! 여러분도 영어 공부를 통해 세상의 모든 문화를 공짜로 즐기는 희열을 느껴보세요.

3. 독해엔 원서 소설 마니아

투자하는 시간 대비 효율을 따진다면 영어 소설을 읽는 것도 좋습니다. 같은 시간에 접하는 단어나 문장의 수가 영상 콘텐츠보다 소설이 월등하게 많기 때문이지요. 같은 이야기도 영화보다 소설이 더 풍부한 텍스트를 담고 있습니다. 그래서 소설을 읽은 다음 영화를 보면 실망하기 쉬워도 영화를 본 다음 소설을 읽으면 실망할 확률이 적다고 말하기도 하지요. 그렇다면 어떤 소설을 읽는 게 좋을까요?

영화로 보아 이미 줄거리를 이해하고 있는 해리 포터 시리즈도 좋은 영어 공부 교재입니다. 번역본을 먼저 읽고 원서로 다시 봐도 재미있어요. 각종 마법이나 마술사 이름 같은 고유명사는 원서로 보면 또 다른 재미를 선사해주죠. 아는 내용이라 진도가 빨리 나갑니다. 해리 포터 시리즈는 청소년 대상으로 나온 책이라 두께에 비해 술술 읽힙니다. 영화로 본 판타지 소설만 읽어도 교재는 충분하지요. 《해리 포터》, 《트와일라잇》, 《헝거 게임》, 《반지의 제왕》 시리즈 등 다양한 책이 있으니까요.

노벨 문학상 수상작은 권하지 않습니다. 영어 공부에서는 그냥 재미난 통속소설이 좋습니다. 셰익스피어보다 시드니 셸던이 낫다는 거죠. 쉽게 잘 읽히거든요. 단어의 뜻에 집착하지 말고 주인공의 운명에 집착하세요. 영어 공부를 목적으로 읽는다면, 어렵고 두꺼운 책보다 쉽고 재미난 책이 낫습니다. 모르는 단어는 신경 쓰지 말고 전체 문맥으로 내용만 파악하면서 읽으세요. 소설 읽다 사전 뒤지기 시작하면 오래 못 가고 금세 지칩니다. 영어 고수가 되는 길은 지치지 않고 문화를 즐기는 데 있습니다.

회화 암송이
지겨울 땐 팝송

무언가를 좋아하면, 저는 꼭 직접 해보고 싶어집니다. 이야기를 읽는 게 재미있다면, 그 이야기를 남에게 해주는 것은 더 재미있어요. 수동적 감상도 좋지만 능동적 모방 행위가 더 큰 기쁨을 줍니다. 팝송도 마찬가지예요. 듣는 것도 좋지만 직접 연주하고 노래하면 더 즐겁습니다.

고교 시절, 좋아하는 팝송이 생기면 직접 부르고 싶었어요. 하지만 가사를 알 길이 없었죠. 1970~1980년대에 나온 〈월간 팝송〉이라는 잡지가 있는데, 거기엔 최신 히트 팝송의 악보가 실렸어요. 잡지를 살 형편은 안 되고, 서점 주인 눈치를 살피며 가사를 조금씩 노트에 베꼈어요. 옛날엔 학교 근처 로터리에 서점만 서너 곳이 있었습니다. 서점마다 옮겨 다니며 첫 번째 가게에서 1절 적고, 두 번째 가게에서 2절 적고, 세 번째 가게에서 후렴구 적고 이런 식으로 구걸 독서를 한 거죠. 눈치가 많이 보일 땐, 서서 가사를 외우고 나와서 담벼락에 노트를 대고 옮겨 적기도 했습니다. 그때와 비교하면, 요즘은 팝송 가사 외우기 참 좋은 시절입니다. 유튜브 검색창에 좋아하는 팝송 제목 뒤에 'lyrics'라고 입력하면, 노래에 맞춰 가사 자막이 화면에 뜨는 친절한 동영상들이 많아요.

미국인 친구 하나가 한국어가 유창해서 어찌 그리 우리말을 잘하느냐고 물어봤어요. K-POP을 즐겨 부르다 보니 그리 되었다고 하더군요. 물론 그게 전부는 아니겠지만, 효과는 분명히 있습니다. 회화 암송이 지겨울 때는 팝송을 같이 외우는 것도 방법입니다.

여기서 포인트! 그냥 팝송을 듣기만 한다고 영어가 늘지는 않아요. 아마 수십 년간 팝을 들으신 분이라면 이미 느끼셨을 테지만요. 따라 부르고, 가사를 외우기 위해 공을 들여야 합니다. 회화 공부랑 같지요.

팝송을 활용한 영어 공부 요령 몇 가지를 적어봅니다.

1. 좋아하는 노래로 연습하세요.

일단 시작할 때는 좋아하는 노래 하나를 정해놓고 반복해서 듣습니다. 내가 좋아하는 노래라야 동기부여가 쉽습니다. 반복해서 듣고, 따라 부르기 즐거워야 공부 효율이 오릅니다. 재미있고 효과가 있으면, 한 곡씩 레퍼토리를 늘려갑니다. 처음부터 너무 많은 노래를 욕심내면 외우기 힘듭니다. 일주일에 한 곡씩 도전해보세요.

2. 전체 가사 자막을 프린트하세요.

화면에 나오는 한 줄 한 줄로는 노래의 전체 분위기를 파악하기 쉽지 않습니다. 구글 영문 검색으로 가사 전체를 찾아 종이에 프린트하세요. 전체 가사를 보고 독해를 한 후 노래를 들으면 뜻이 더 쉽게 기억됩니다.

3. 노래에 감정을 실으세요.

오디션 프로그램의 심사위원들이 늘 하는 지적이죠. '노래에 기교만 있고 감정이 없으면 즐겁지 않다.' 노래의 감정을 흉내 내야 합니다. 그러면 자연히 발음도 흉내 내집니다. 언어란 감정 표현의 도구입니다. 감정을 실어야 그 표현이 쉬워져요.

4. 유튜브 로그인으로 재생 목록을 관리하세요.

스마트폰 유튜브 계정 관리를 통해, 좋아하는 노래가 생기면 재생 목록에 넣어두세요. 좋아하는 가수 이름을 입력하고 'lyrics playlist'를 추가하여 검색하면 줄줄이 뜹니다. 저장해두고 반복해서 따라 불러보세요. 유튜브 계정에 암송한 팝송 리스트를 올려두고 짬 날 때마다 한 번씩 복습해보세요. 한 번 외운다고 영원히 가진 않아요. 회화 문장처럼 틈날 때마다 복습을 해야 확실한 내 것이 됩니다.

5. 될 수 있는 대로 남들 앞에서 불러보세요.

이렇게 외운 팝송은 친구들과 노래방 가서 꼭 불러보셔야 합니다. 회화 문장을 외웠다면 회사에서, 거리에서 마주친 외국인에게 꼭 써먹어야 하듯이 말입니다. 외국인에게 말 거는 것보다는 노래방에서 팝송 부르는 게 더 쉬울 거예요. 유창한 발음으로 노래를 부르고 (반복 연습하면 누구나 할 수 있어요. 가사를 외워서 부르면 정말 유창하게 느껴집니다.) 친구들의 박수갈채와 환호를 온몸으로 느껴보세요. 공부에서 중요한 건 성취감을 느끼는 일입니다. 고취된 자부심은 다음 팝송에 도전하는 데 상당한 동기부여가 되거든요.

젊어서는 시간이 천천히 흐르고, 나이 들면 시간이 빨리 흐른다고 하지요. 왜 그럴까요? 젊어서 해본 일들은 처음 해본 것이라 기억에 오래오래 남는답니다. 첫 데이트, 첫 키스, 첫 이별 등. 나이 들면 다 전에 해본 것들이라 별로 기억에 남지 않는다는군요. 기억나는 것이 많은 시절은 천천히 흐르는 것 같고, 남은 기억이 없는 시절은 후다닥 지나가는 것 같아요. 그렇다면, 인생을 천천히 오래도록 즐기는 비결은 오래가는 추억을 많이 남기는 것입니다. 그러려면 전에 해보지 않은 일, 처음으로 시도하는 일이 많아야 하지요.

팝송 부르기, 한 번도 해보지 않았다면 이번 기회에 시도해보세요. 영어 공부에 도움이 되는 즐거운 습관이니까요.

복습 효과를 높이는
큰소리 팝송

저는 호불호가 분명합니다. 좋아하는 건 미친 듯이 좋아하고, 싫은 건 그냥 안 합니다. 좋아하는 일을 열심히 하는 건 좋은데, 문제는 싫은 일을 억지로 할 때 너무 괴롭다는 거죠. 제가 가장 하기 싫어하는 일이 설거지입니다.

맞벌이 부부 교사였던 저의 부모님은 집안일 돌볼 틈이 없어 설거지는 쌓아뒀다가 며칠에 한 번씩 몰아서 하셨습니다. 그걸 보고 자란 터라 설거지 그릇 쌓이는 게 별로 불편하지 않아요. 반대로 꼼꼼한 살림꾼이신 장모님 슬하에서 자란 아내는 그릇이 쌓이거나 집이 엉망이면 두고 보지 못합니다. 신혼 시절에는 이것 때문에 싸운 적이 참 많았어요. "설거지는 사흘에 한 번만 해도 되지 않아?" 당연히 아내는 말도 안 된다고 질색을 하죠. 다른 환경에서 자란 두 사람이 같이 살려니 갈등이 생기는 건 당연한 일입니다.

문제는 설거지가 제 담당이라는 거예요. 이 하기 싫은 설거지를 매일 하라니, 이를 어쩐다? 기왕에 할 거면 조금이나마 즐겁게 하자는 생각이 들더군요. 그래서 싱크대 옆에 아이패드를 갖다놓고 〈TED〉 강의를 보면서 설거지를 했어요. 그릇 달그락거리는 소리 때문에 잘 안 들리더군요. 뒤로 돌려 놓친 부분을 다시 듣고 싶은데, 고무장갑 낀 손으로는 그게 쉽지 않아요.

설거지 같은 단순 작업을 할 때 좋은 방법은 이미 수없이 본 영상을 보면서 큰 소리로 따라 하는 것입니다. 저는 이제 설거지를 하며 중국어로 노래를 부릅니다. 유튜브에 로그인하여 재생 목록에서 '중국어 노래'를 띄웁니다. 5분짜리 예닐곱 개를 유튜브 재생 목록에서 순서대로 묶고 '모두 재생'을 누르면 30분간 '노래로 배우는 중국어' 공짜 강좌가 이어집니다.

〈김호영의 노래로 배우는 중국어〉라는 유튜브 동영상이 있어요. 발음이며 문법이며 문장 해석까지 친절하게 공짜로 가르쳐주시는 선생님 덕에 즐겁게 중국어 노래를 배우고 있습니다. 중국어 공부하시는 분들에게 추천해드립니다. 설거지를 하며 〈평요우〉를 소리 높여 부르면, 비록 몸은 주방 싱크대 앞이지만 마음만은 광활한 중

국 땅을 달립니다. 이 동영상은 〈첨밀밀〉, 〈월량대표아적심〉, 〈평요
우〉 등 우리에게도 친근한 노래를 쉽게 가르쳐줍니다. 〈첨밀밀〉을
외워 배낭여행 가서 게스트하우스에서 만난 중국인 친구들과 저녁
술자리에서 함께 불러보세요. 금세 친해집니다.

팝송으로 영어 공부할 때도 이 방법을 활용해보세요. 유튜브 재
생 목록에서 그동안 외운 팝송의 동영상을 찾아 목록을 띄웁니다.
'모두 재생'을 누른 다음 화면을 보며 일도 하고 노래도 부르는 거
죠! 단, 사전에 미리 반복 시청하며 가사와 노래를 외운 경우에 한
합니다. 처음 보는 영상을 틀면, 그릇 달그락대는 소리에 놓치는 부
분도 많고, 영상에 신경이 팔려서 설거지도 쉽지 않습니다.

하기 싫은 일에는 몸만 내주세요. 마음은 당신이 하고 싶은 일에
바치고요. 당신이 어디에서 무엇을 하든, 외국어 공부의 열정과 즐
거움이 함께하길……

영어 공부 하기 좋은 팝송 몇 곡 적어봅니다. 유튜브에서 노래
제목에 'lyrics'를 붙여 검색해보세요.

- **폴리스**Police, 〈당신의 모든 숨결마다Every Breath You Take〉
- **비틀스**Beatles, 〈예스터데이Yesterday〉
- **주디 갈란드** Judy Garland, 〈무지개 저편에Over the Rainbow〉
- **F.R 데이비드**F.R. David, 〈말들Words〉

- **바비 맥퍼린**Bobby McFerrin, 〈걱정 말고 행복해지길Don't Worry Be Happy〉
- **U2**U2, 〈그대가 있거나 없거나With or Without You〉
- **왬**Wham, 〈마지막 크리스마스Last Christmas〉
- **로버타 플랙**Roberta Flack, 〈그의 노래가 나를 부드럽게 사로잡아요Killing Me Softly With His Song〉
- **존 레넌**John Lennon, 〈상상Imagine〉
- **존 덴버**John Denver, 〈시골길이여 나를 고향으로 데려다주오Take me home, country roads〉

큰딸 민지가 이 리스트를 보면, "노래가 다 왜 이래?" 할 것 같군요. 하지만 '올디스 벗 구디스(Oldies But Goodies)'라는 말도 있잖아요? 마지막 노래는 중학교 때 영어 선생님께 배운 노래입니다. 나른한 봄날, 수업 시간에 아이들이 졸면 칠판에 가사를 적어놓고 큰 소리로 따라 부르게 하셨어요. 그 덕에 가사를 다 외웠지요. 배낭족들의 성지인 방콕 카오산 로드에 갔더니, 미국인들이 싱하맥주를 마시며 함께 노래를 부르더군요. "Take me home Khaosan Road, to the place I belong" 하고요. 저도 어깨동무하고 소리 높여 같이 불렀어요. 요즘도 가끔 혼자 부릅니다. '카오산 로드여, 나좀 데려가라!'

하루 한 편
TED 듣기

영어 청취 공부는 역시 일단 많이 듣는 게 중요하지요. 옛날에 저는 영어 듣기 연습을 위해 단파 라디오를 사서 〈미국의 소리(Voice of America)〉 방송을 들었어요. 당시엔 음질도 좋지 않고, 라디오가 크고 무거워서 들고 다니기도 불편했습니다. 정각이 되면 FM 라디오로 AFKN에 주파수를 맞춰서 〈연합통신 뉴스(AP Network News)〉도 들었어요. 짧은 시간 내에 많은 정보를 전달하려고 그러는지 너무 빠르게 읽어 해석하기가 어렵고, 내가 이해한 내용이 맞는지 확인할 길도 없더군요.

그런데 요즘은 스마트폰 하나면 다 해결됩니다. 이렇게 영어 공부하기 좋은 시절이 있을까요? 스마트폰 속 〈TED〉 앱을 이용해 즐겁게 영어 청취를 공부하는 방법을 알려드리겠습니다.

〈TED〉란 미국에서 시작된 강의 프로젝트입니다. '널리 알릴 만한 가치가 있는 생각들(Ideas Worth Spreading)'이라는 슬로건으로 18분 내외의 강의를 제공합니다. 교육적이고 교훈적인 강의 내용도 좋지만, 무엇보다 언제 어디서나 영어 청취 공부하기에 참 좋습니다. 스마트폰 앱스토어에 가서 〈TED〉 앱을 다운받습니다. 검색창에 들어가 마음에 드는 강의를 찾은 후, 우측 상단 다운로드 아이콘을 눌러 다운받습니다. 와이파이 환경에서 다운받은 강의는 'My Talks'에 저장되지요. 하루 한 편씩 들으면 딱 좋습니다. 동영상 재생 화면 하단에 보면 자막 아이콘이 있는데요. 인기 있는 영상은 한글 자막도 제공되지만, 될 수 있는 대로 영어 자막과 함께 시청하시기 바랍니다. 듣기 공부에는 그편이 낫거든요.

맛보기로 추천 강의 몇 편 소개합니다. 검색창에 연사 이름만 입력해도 나옵니다.

● **켄 로빈슨**Ken Robinson __ 창의성을 어떻게 기를 것인가?Do schools kill Creativity?
www.ted.com/talks/ken_robinson_says_schools_kill_creativity

 학교 교육이 아이들의 창의성을 죽인다는 다소 도발적인 강연인데요, 시종일관 유쾌하게 진행됩니다. 창의성을 어떻게 키울 것인가를 고민하신다면 꼭 한번 보세요. 〈TED〉에서 소문난 전설의 강의 중

하나입니다.

● **팀 페리스**Tim Ferriss __ 두려움을 부수세요, 무엇이든 배울 수 있습니다Smash
fear, learn anything

www.ted.com/talks/tim_ferriss_smash_fear_learn_anything

 '일단 한번 시도해보고, 실패한들 그게 뭐 대수겠어?'라는 자세만 지
킨다면 세상에 무엇이든 배울 수 있습니다. 탱고든, 수영이든, 외국
어든.

● **제이 워커**Jay Walker __ 세계의 영어 광풍The world's English mania

www.ted.com/talks/jay_walker_on_the_world_s_english_mania

 전 세계 20억 인구가 영어를 공부하고 있습니다. 왜 그럴까요? 빠
르게 세계화하는 중국에도 영어 광풍이 몰아닥치고 있죠. 그 현상을
살펴보세요.

● **줄리아 스위니**Julia Sweeney __ 그 이야기를 해야 할 때It's time for the Talk

www.ted.com/talks/julia_sweeney_has_the_talk

 한번 웃어보시라고 추천하는 강연입니다. 코미디언 줄리아 스위니
가 딸과 함께 '동물의 짝짓기'에 대한 인터넷 동영상을 찾다가 생긴
일입니다.

● **마즈 조브라니**Maz Jobrani __ 이란계 미국인에 대한 농담 들어보셨나요?Did you
hear the one about the Iranian-American?

www.ted.com/talks/maz_jobrani_make_jokes_not_bombs

 911 사태 이후, 이란계 미국인으로 살아가는 애환에 대해 스탠딩
코미디로 풀어갑니다. 환경과 자아의 부조화가 이렇게 '웃픈지' 몰
랐어요.

〈TED〉 강연이 뜨면서 베스트셀러의 저자들이 북 콘서트 삼아 〈TED〉 콘퍼런스를 찾는 일이 많아졌어요. 책 읽을 시간이 부족하다면, 〈TED〉를 찾은 유명 작가들의 강연을 통해 베스트셀러의 맛보기를 즐겨도 좋아요.

● **랜달 먼로**Randall Munroe __ '만약에?'라고 묻는 만화Comics that ask what if?

http://www.ted.com/talks/randall_munroe_comics_that_ask_what_if

《위험한 과학책》을 쓴 작가의 강연. 흔히 야구에서 빠른 공을 가리켜 '광속구'라는 말을 쓰는데, 투수가 진짜로 '빛의 속도'로 공을 던지면 어떤 일이 일어날까? 2015년에 나온 과학책 중 쉽고 재미난 이야기로 좋은 평가를 받은 책입니다. 저는 이런 책을 좋아합니다. 어려운 얘기를 쉽게 풀어주는 책.

● **팀 하포드**Tim Harford __ 좌절이 어떻게 우리를 더 창의적으로 만드는가How frustration can make us more creative

http://www.ted.com/talks/tim_harford_how_messy_problems_can_ inspire_creativity

몇 년 전 팀 하포드의 《경제학 콘서트》(웅진지식하우스)를 재미나게 읽었습니다. 그 책의 원제가 'Undercover Economist'였는데, 속편도 나왔어요. 《Undercover Economist Strikes Back》입니다. 번역된 책 제목은 '당신이 경제학자라면'이고, 같은 출판사에서 나왔습니다. 이 영상은 이야기꾼으로서 하포드의 재능을 잘 보여주는 강연입니다. 창의성을 키우고 싶다면 한번 들어보세요. 이 강연을 기초로 팀 하포드는 신작 《메시(Messy)》(위즈덤하우스)라는 책을 썼는데요. 깔끔하고 잘 정돈된 상태가 아니라 오히려 무질서하고 혼란스러운 상태에서 창의성을 더 잘 발현시킬 수 있다는 '메시(Messy) 사고'를 소개하는 아주 흥미로운 책이랍니다.

● **재레드 다이아몬드**Jared Diamond __ 사회는 왜 붕괴하는가Why Societies collapse
http://www.ted.com/talks/jared_diamond_on_why_societies_
collapse

 전설의 명저《총, 균, 쇠》(문학사상)의 저자 재레드 다이아몬드가《문
명의 붕괴》라는 책을 내놓고 강연한 내용입니다. 작가의 육성을 듣
는 것만으로도 감동적입니다.《문명의 붕괴》(김영사) 역시 다이아몬
드급 걸작입니다. 지속 가능한 문명이란 과연 어떤 것일까, 책과 강연을 통해 고
민해봅니다.

끝으로, 유명한 스티브 잡스의 스탠퍼드대학교 졸업식 축사를 소
개합니다. 우리 시대 최고의 명연설 중 하나지요. 이 연설 한 편을
외우는 것도 좋은 영어 공부 방법입니다. 외우기가 힘들다 해도 원
어로 한 번은 들어보세요.

● **스티브 잡스**Steve Jobs __ 죽기 전에 어떻게 살 것인가?How to live before you die
 www.ted.com/talks/steve_jobs_how_to_live_before_you_
die

출퇴근 시간이 길다면 〈TED〉 앱 깔고, 강의 몇 편 다운로드해두세
요. 전철이나 버스 안에서 영어 공부도 하고, 인생 공부도 하는 좋
은 기회가 될 것입니다.

오디오북으로
읽기와 듣기를 동시에

저는 활자 중독자라 늘 책을 읽습니다. 심지어는 운전할 때나 등산하는 중에도 독서를 즐깁니다. 귀로 듣는 책, 오디오북 덕분이죠. 특히 영문 오디오북을 들으면 독서와 영어 청취 연습을 동시에 할 수 있어 일거양득입니다. 인터넷에서 공짜 오디오북을 쉽게 구할 수 있어요. 〈YBM 시사영어사〉 무료 MP3 자료실을 방문하면 공짜로 들을 수 있는 품질 좋은 오디오북이 많이 있습니다.

● **www.ybmbooks.com/reader/reader.asp**

이곳 검색창에 'YBM reading library'를 치면, 《톰 소여의 모험》, 《피노키오》, 《어린 왕자》, 《톨스토이 단편집》 등의 무료 오디오북 다운로드 창이 뜹니다. 쉬운 단어로만 이루어진 오디오북이라 영어 청취를 처음 공부하는 사람에게 좋습니다.

시험 삼아 《톰 소여의 모험》을 무료 다운받아 들어봤어요. 구성도 만족스럽고 녹음도 아주 성의 있네요. 좋은 콘텐츠를 인터넷에 올려준 것에 감사하는 의미로 전자책을 구매해도 좋겠지요. 여기서 구매는 텍스트 교재를 산다는 얘기입니다. 오디오북 자체는 파일을 무료로 다운로드할 수 있어요.

영어 청취에 자신이 있다면, 같은 자료실에서 'classic house'를 검색해도 좋습니다.

● **www.ybmbooks.com/reader/reader.asp**

《오 헨리 단편집》에서 《바람과 함께 사라지다》에 이르기까지 좀 더 수준 높은 오디오북이 많이 있습니다. 음악과 효과음을 곁들여 녹음도 정성껏 했고, 이야기 전개에 충실한 편집도 만족스럽습니다. 《바람과 함께 사라지다》를 들었는데, 원작의 대사를 맛깔나게 연기하는 원어민 성우들 덕에 라디오 드라마를 듣는 것처럼 즐거웠어요.

동네 도서관에 갔더니 넥서스에서 나온《중학교 영어로 다시 읽는 세계명작》시리즈 수십 권이 비치되어 있더군요. 책은 도서관에서 빌리고 오디오 파일은 인터넷에서 무료로 다운로드받을 수 있어요. 정말이지, 참 좋은 '공짜로 즐기는 세상'입니다.

　영문 오디오북을 본격적으로 감상하고 싶다면, 다음 영어 사이트를 참고해보세요.

● **www.openculture.com/freeaudiobooks**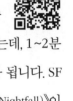

　무료 오디오북으로 유명한 사이트입니다. 알파벳순으로 듣다 보면《이솝 우화(Aesop's Fables)》부터 시작하는데, 1~2분짜리 짧은 이야기라 아이들에게 좋은 영어 청취 자료가 됩니다. SF를 좋아하는 저로서는 아이작 아시모프의《전설의 밤(Nightfall)》이 반가웠어요. 수준이 어렵긴 하지만, 책으로 읽어본 독자라면 오디오북도 만나보길 권합니다.《오만과 편견》,《제인 에어》등 좋은 오디오북이 많습니다. 공짜 전자책과 함께 제공되기도 하니 눈으로 보며 귀로 들을 수도 있지요. 오디오북은 될 수 있는 대로 예전에 읽은 책으로 도전하시기 바랍니다. 그래야 놓치는 부분이 있어도 이야기 흐름을 따라가는 데 지장이 없거든요.

　영어가 익숙해지면, 이처럼 공짜로 누릴 수 있는 게 참 많아집니

다. 나이 들어 퇴직하면 거실 소파에 앉아 따뜻한 햇볕을 쬐며 할
머니 옛이야기 듣듯이 영문 오디오북에 귀를 기울이고 싶어요.

미국 대통령에게 받는
특급 영어 과외

기초 회화를 외웠다면, 욕심이 날 거예요. 좀더 수준 높은 영어 문장을 외워보고 싶은데, 무엇에 도전해볼까? 함께할 친구나 가족이 있다면, 영어 연극을 해보는 것도 좋습니다. 대학교 다닐 때 동아리에서 오스카 와일드의 《진지함의 중요성(The Importance of Being Earnest)》을 영어 연극으로 공연했는데 정말 보람 있고 즐거웠어요. 요즘 아이들 학원에서는 디즈니 만화영화 〈겨울왕국〉의 대본으로 영어 연극을 하더군요.

연극을 같이할 사람을 구하기가 쉽지 않다면, 영어 웅변대회에 나가는 것도 좋지요. 혼자서 무대를 독차지할 수 있는 절호의 기회입니다. 주어진 시간 동안 많은 사람에게 자신의 생각을 전달한다는 점에서 연설문은 구어체 문장의 꽃입니다. 웅변대회에 나가지 않더라도 혼자 취미 삼아 연설문으로 영어를 공부해보면 어떨까요? 온라인 영어 연설문 사이트를 추천합니다.

● **영어 연설문 Top 100**
www.americanrhetoric.com/top100speechesall.html

마틴 루터 킹 목사의 〈나에게는 꿈이 있습니다(I have a dream)〉가 1위군요. 텍스트와 함께 MP3 파일이 제공되니 청취 연습을 겸해서 들어봐도 좋습니다. 스마트폰에서 MP3를 누르면 청취할 수 있는데, 연설문 동시 보기가 힘드네요. PC 환경에서는 동시에 읽고 듣기가 가능합니다. 그냥 연설문을 읽기만 해도 독해 공부에 도움이 되는 좋은 자료입니다. 미국 대통령 영어 연설문으로 영어 공부의 수준과 격을 높여보세요.

힐러리 클린턴의 명연설도 추천해드립니다.

● **여권 신장이 인권 신장이다** Women Rights are Human Rights
www.americanrhetoric.com/speeches/
hillaryclintonbeijingspeech.htm

연설 잘하기로는 오바마 대통령도 결코 밀리지 않지요. 〈담대한 희망(The Audacity of Hope)〉은 정말 명문장입니다. 초반부에 나오는 표현들은 취업 영어 면접에서 자기소개할 때 참고해도 좋습니다. 진짜 감동적인 이야기는 자신의 이야기로부터 시작하거든요.

● **담대한 희망** The Audacity of Hope
https://youtu.be/ueMNqdB1QlE

오바마는 저 연설 하나로 민주당에서 다크호스로 급부상했고, 마침내 대통령까지 되었지요. 미국에서 가장 말 잘하는 사람 중 하나인 오바마 대통령에게 영어 과외를 받아보세요.

〈영어 연설문 Top 100〉을 보니 의외로 로널드 레이건 대통령의 연설문이 많습니다. 30위 안에 4개나 있어요. 능력으로 보나 업적으로 보나 그리 대단한 대통령이 아닌데 유독 연설에서는 강세입니다. 왜 그럴까요? 리더십 연구자들은 로널드 레이건과 지미 카터를 경쟁 관계로 놓고 종종 비교하곤 합니다. 똑똑하기로는 카터가 레이건보다 몇 수 위랍니다. 하지만 카터는 워낙 본인이 똑똑하다 보니 주위 참모들을 중용하는 데 소홀했어요. 이에 비해 레이건은 자신이 배우 출신의 이미지 정치인임을 잘 알기에, 주위에 똑똑한 참모를 배치하는 데 주력했다는군요. 카터는 모든 일을 혼자 다

하려고 했고, 레이건은 모든 일을 전문가에게 맡겨두고 자신은 '얼굴 마담'만 했답니다. 그 결과는? 카터가 천재라는 데는 이견이 없으나, 한 나라를 이끄는 대통령으로서는 레이건만 못했다는군요.

레이건 대통령은 연설문 작성도 당대 가장 글 잘 쓰는 사람에게 맡겼을 겁니다. 배우 출신인 그는 발음, 표정, 연기 다 자신 있었죠. 글은 전문 작가가 쓰고 말은 전문 배우가 했으니 이처럼 여러 편이 실릴 만도 하죠.

영어 공부 때문에 너무 스트레스받지 마세요. 영어 연설문 작성은 나중에 전문가에게 맡겨도 됩니다. 중요한 건 이야기입니다. 내 인생의 이야기를 만드는 게 우선이지요.

영작 연습은
쉬운 단어로 짧게 끊어서

앨범을 정리하다 21년 전 대학 영자 신문에 기고한 원고를 발견했습니다. 감회가 새로웠어요. 부끄러운 글이지만 잠깐 소개합니다.

Looking back on one's university life is somewhat different from merely 'taking out the diary of 10 years ago' to recall how it was then. Every single moment is worth recollecting.

누군가의 대학 시절을 돌아본다는 것은 단순히 '10년 전 일기를 꺼내' 그때는 어땠는지 회상해보는 일과는 좀 다르다. 매

순간, 돌아볼 가치가 있다. (중략)

I am looking forward to graduating, but there are some questions unresolved. What life should I lead? What part of the world should I enter? What role is waiting for me? The world doesn't seem to offer many alternatives to us.

졸업을 앞두고 있지만 몇 가지 의문은 풀리지 않는다. 나는 어떤 삶을 살아야 할까? 세상의 어떤 분야로 가야 할까? 그곳에서는 어떤 역할이 나를 기다리고 있을까? 세상이 그다지 많은 선택지를 주는 것 같지는 않다.

I remember a paragraph which I read some months ago.

'I am a fragment of a mirror whose whole design and shape I do not know. Nevertheless, with what I have I can reflect light into the dark places of this world – into the black places in the hearts of men – and change some things in some people. Perhaps others may see and do likewise. This is what I am about.'

And maybe that is the meaning of life, the way I should lead my life.

몇 달 전 책에서 읽은 문구 하나가 기억난다.

'나는 거울의 한 조각이지만, 거울의 전체 모양은 알 수가 없다. 그럼에도 내가 가진 거울 조각으로 세상의 어두운 곳—사람 마음속 어두운 곳—에 빛을 비추어, 어떤 이에게 변화를 일으킬 수는 있다. 어쩌면 다른 사람도 그걸 보고 따라 할 수도 있다. 이것이 내가 존재하는 이유다.'

그리고 아마도 그것이 삶의 의미이고, 내가 인생을 사는 방식이 될 것이다.

앨범 속 빛바랜 기사를 읽다 깜짝 놀랐어요. '아, 대학 졸업을 앞두고 나는 이런 생각을 했구나.' 학창 시절에 영자 신문사에 글을 자주 기고했어요. 영작 공부로 최고였거든요. 영자 신문에 처음 글을 실은 건 전국 대학생 영어 토론대회에 나가서 2등 상을 탔을 때입니다. 대회 주최 측에서 학교로 저의 수상 결과를 알렸고, 얼마 안 가 영자 신문사에서 저한테 연락을 주었어요. 당시 연설 원고를 실을 수 있느냐고. 그때 영문과 미국인 교수님이 교정을 봐주셨어요. 사무실에 마주 앉아 몇 시간 동안 이야기를 나누며 문장을 꼼꼼히 다듬었지요.

첫 문장에서부터 걸리더군요. 필자 소개였어요. 저는 한양대 자원공학과를 다녔는데, 당시 영문으로는 직역해서 'Resource Engineering'이라고 적었습니다. 그랬더니 교수님이 'resource-자원'이라는 단어를 설명해보라고 하더군요. "자원에는 광물 자원도 있고 인적 자원도 있는데 자네가 공부하는 자원은 무엇인가?" 석탄 채굴학과 석유시추공학을 배운다고 했더니 그렇다면 'Mining & Mineral Engineering'이라고 써야 뜻을 정확하게 전달할 수 있다고 하셨어요. 정작 자원공학과에서는 별로 좋아하지 않았을 겁니다. 광산학과라는 이름을 지우려고 그렇게 애썼으니 말이죠. 나중에 유럽 배낭여행 갔을 때 전공을 'Resource Engineering'이라고 하면 다들 고개를 갸우뚱하던데 'Mining & Mineral Engineering'이라고 하니 바로 알아듣더군요.

단어 하나하나, 문장 하나하나를 꼼꼼히 읽고 교정해주신 교수님 덕에 영작 공부가 많이 되었어요. 원어민 교수의 영어 개인 교습이 공짜라니! 심지어 원고료도 주다니! 당시 영자 신문사는 학보사보다 고료가 3배나 많았어요. 제 기억으로 영문 기사를 쓰면 5만 원 정도 받는데, 당시 용산 미군기지 앞 헌책방에서 영문 페이퍼백을 스무 권 넘게 살 수 있는 돈이었죠. 요즘도 칼럼 원고료로 받은 돈으로는 꼭 책을 삽니다. 글을 읽기 위해 글을 파는 건, 예나 지금이나 똑같네요.

영어 청취, 회화, 독해, 작문 중 가장 어려운 게 영작입니다. 우리 말을 잘하는 사람도 막상 글로 쓰라고 하면 긴장하잖아요. 영어로 에세이도 쓰고 단편 소설도 썼지만, 영어 작문을 따로 공부한 적은 없어요. 독학으로 회화를 공부한 공대생이 어디서 영작을 배웠겠습니까. 이것도 그냥 영어 문장 암송으로 해결되더군요. 머릿속에 수천 개의 문장이 들어 있으니 하고 싶은 말이 있으면 저절로 글이 되어 나왔어요. 영작을 할 때 긴장하는 이유는 이게 문법에 맞는가 아닌가 헷갈리기 때문입니다. 완벽하게 외운 문장을 적재적소에 가져다 쓰면 문법 걱정할 이유가 없어요.

〈타임〉이나 〈이코노미스트〉의 영문 기사를 읽다 보니 우리 눈높이는 너무 올라가 있습니다. 세계 최고의 글쟁이들이랑 경쟁할 이유가 있나요? 회화는 아직 미국 초등생 수준도 안 되는데. 어려운 단어나 고급 영어에 대한 욕심을 버리세요. 복문이나 중문 등 복잡한 문장 대신, 쉬운 단어로 짧게 끊어 쓰는 연습을 해야 합니다. 한글도 쉽고 간결하게 쓰인 문장이 더 좋아요. 영작도 마찬가지입니다. 쉽고 간결하게 쓰는 습관을 길러야 합니다. 영어 일기 쓰기에 도전해도 좋아요. 페이스북에 간단한 영어 일기를 올려보세요. 민망하면 괜히 외국인 친구를 태그 걸고 영어로 수다 떤다는 기분으로 글을 써도 좋고요.

'세상의 전체 모습을 알 수도, 이해할 수도 없지만, 내가 가진 작

은 재능으로 지금 이곳에서 내가 할 수 있는 일을 하겠다.'

반가웠어요. 20년 전의 나, 20년 전 나의 생각. 스무 살의 각오를
오늘 또다시 되새기고 싶네요.

인터넷으로 떠나는
모바일 어학연수

영문 독해를 위해 〈리더스 다이제스트〉 사이트를 소개하고 잠시 생각해봤습니다. '저건 내가 40년 전에 읽던 잡지인데, 요즘엔 더 좋은 자료가 나오지 않았을까?' 나이가 들수록 항상 돌이켜보게 됩니다. '혹시 익숙한 틀에 갇혀 새로운 세상을 모르고 있는 건 아닐까?' 그래서 구글로 '영어 회화 공부 사이트'라고 검색해봤습니다. 정말 많이도 뜨더군요.

요즘 같은 시절에는 영어 공부를 할 때 인터넷을 충분히 활용하면 좋겠지요. 여러 사이트를 다녀보고 무료 애플리케이션도 시험 삼아 다운받아 봤습니다. 그중 추천할 만한 사이트를 소개할게요.

영어로 된 메뉴를 보고 놀라진 마세요. 영어를 공부한다면 앞으로 가능한 한 영어로 된 사이트를 이용하는 것이 좋습니다. 그래야 자연스럽게 영어에 대한 노출을 늘릴 수 있습니다.

〔토크 잉글리시 닷컴〕

● www.talkenglish.com/lessonindex.aspx

전체 차례가 한눈에 보입니다. 처음부터 하나하나 순서대로 공부해도 좋고, 회화 암송을 통해 자신이 붙었다면, 중급 편 이상의 대화 연습(Interactive Practice)을 공부해도 좋습니다.

● **www.talkenglish.com/lessonpractice.aspx?ALID=729**

3개의 상황이 주어지는데요. 전체 듣기로 따라 하기(섀도잉)를 연습하고, A 듣기, B 듣기로 나누어 대화를 주고받듯 파트를 나누어 연습해도 좋습니다. 될 수 있는 대로 하루에 상황 하나를 외우는 게 좋겠지요. 완전히 외우지는 못해도 본문을 보지 않고 듣고 따라 하는 정도만 해도 훌륭한 회화 학습 방법입니다.

해외여행 중이거나 당장 외국인을 만나는데 영어책이 없어 어떻게 대화를 시작해야 할지 모른다면, 이 모바일 사이트의 차례에서 해당 상황을 찾아 미리 표현을 연습해보세요. 비즈니스, 유학, 가정생활 등 상황별 · 수준별 예문이 잘 정리되어 있습니다.

● **www.talkenglish.com/lessonindex.aspx**

외국어는 모국어가 아닌지라 쿡 찌른다고 바로바로 튀어나오지 않아요.

영어 면접을 앞둔 상황이라면 면접 예문을 연습하고, 여행지에서 쇼핑 나가기 전이라면 쇼핑 관용구를 연습하는 것도 좋습니다.

● **ko.talkenglish.com/extralessons/speakingrules.aspx**

영어 회화를 위해 알아야 할 다섯 가지를 소개하는군요.

1. 문법 공부 그만하고,

2. 구문을 배우고 익히고,

3. 직접 따라 하고,

4. 영어 사용 환경에 노출되고,

5. 올바른 교재를 갖고 공부하라.

제가 계속 강조한 이야기지요? 회화 공부를 위한 금언은 정해져 있어요. 남은 것은 실천입니다.

지난봄 둘째 아이랑 같이 디즈니 애니메이션 〈주토피아〉를 봤어요. 참 재미있더군요. 아이도 좋아하고, 저도 재미있었어요. 문득 '디지털 애니메이션은 어떻게 만드는 걸까?' 궁금해졌습니다. 뒤늦게 디지털 애니메이션 공부가 하고 싶어졌어요. 그렇다고 유학을 가거나 새로 전공하기는 어렵고. 어떻게 할까? 이럴 때 저는 온라인 학교 〈칸 아카데미〉를 찾아갑니다. 역시 있군요.

〔칸 아카데미〕

● https://www.khanacademy.org/partner-content/pixar

〈칸 아카데미〉의 부설 학교 '픽사 인 어 박스'에서는 디지털 애니메이션의 모든 것을 상세하게 가르쳐줍니다.

〈칸 아카데미〉는 무척 흥미로운 사이트입니다. '무엇이든 공짜로 누구나 언제까지 배울 수 있다(You can learn anything. For free. For everyone. For ever)'는 구호가 마음에 듭니다. 살만 칸이라는 사람이 조카에게 수학을 가르쳐주려고 유튜브에 동영상을 올린 것이 인기를 끌면서 무료 인터넷 강의 사이트로 이어졌습니다. 지금은 규모도 엄청나고, 콘텐츠도 다양합니다.

영어 공부의 궁극적 목표가 무엇일까요? 저마다 목표는 다르겠지만, 그중 하나는 영어로 공부하는 것 아닐까요? 원래 우리가 영어를 배운 목적은 유학을 가서 영어로 학문을 하기 위한 것이었지요. 이제 언제 어디서나 칸 아카데미로 유학을 떠날 수 있습니다. 유학을 꿈꾸신다면 한번 들러보세요. 영어로 수업을 받는다는 것이 어떤 건지 알 수 있어요. 미국 유학 중인데 수업 내용을 따라가기 힘들다면, 칸 아카데미에서 무료 과외를 받아보세요. 영어 수업에서 쓰이는 용어나 개념을 쉽게 익힐 수 있습니다. 자막도 있고, 실시간 스크립트 기능도 있습니다. 언제든지 떠나세요, 모바일 어학연수!

6장

결국,
영어는
자신감이다

We are taught you must blame your father, your

sisters, your brothers, the school, the teachers - but

never blame yourself. It's never your fault. But it's

always your fault, because if you wanted to change

you're the one who has got to change.

– Katharine Hepburn

필요(need) 먼저,
욕구(want) 나중

'구어체 영어를 공부하라면서 왜 힘들게 문장을 외우라고 시키나? 그냥 미국 드라마 보면서 공부하는 편이 쉽지 않나?' 하는 사람도 있습니다. 우리의 몸은 나가서 운동하는 것보다 집에서 편히 쉬는 편을 더 선호합니다. 이건 진화생물학적으로 보아 당연한 결과입니다. 한정된 자원으로 버텨야 했으니 에너지를 함부로 낭비하는 것보다 쉬면서 아끼는 편이 생존에 유리하기 때문이죠. 운동은 우리에게 필요한 것(need)이고, 휴식은 우리가 원하는 것(want)입니다. 우리에게 필요한 것과 원하는 것 중 우선순위는 어디에 있을까요?

여행 가서 호스텔에 묵었는데 뜨거운 물이 안 나올 때, 직원에게 가서 뭐라고 해야 할까요? "I want to take a hot shower." 혹은 "I need to take a hot shower." 둘 다 가능하지만, 직원의 협조를 구하기엔 후자가 더 효과적입니다. 내가 원하는 것이라고 하면, 뜨거운 샤워를 했으면 좋겠다는 나의 욕망이지요. 해도 그만, 안 해도 그만입니다. 이에 비해 필요한 것이라고 말하면, 몸살 기운이 있거나 감기가 심하거나 하는 식으로 뭔가 찬물에 샤워를 하면 안 되는 사정이 있음을 뜻합니다. want와 need 중 후자가 더 강한 어필이지요.

저는 시간 관리법을 좋아합니다. 결국 인생을 어떻게 사느냐는 시간 관리에 달려 있으니까요. 그래서 항상 필요(need)의 문제를 먼저 하고 욕구(want)는 그다음에 해결합니다. 휴일에는 아침 일찍 일어나 등산을 갑니다. 오전에 4~5시간 산을 타고, 집에 와서 점심 먹고 책을 읽다가 낮잠을 잡니다. 휴일에 늦잠을 자면, 즉 쉬는 걸 먼저 하면, 오전 시간 다 보내게 되고 점심 먹고 나면 퍼져서 나가기가 쉽지 않습니다. 갔다 와서 쉴 시간이 없으니까, 또는 이미 늦었으니까 하면서 그냥 건너뛰기 십상입니다. 늘어나는 뱃살을 보며 죄책감을 견뎌야 하지요. 하지만 오전에 산을 타고 돌아와 쉬면 낮잠도 달콤하고 휴식도 느긋합니다.

운동을 하는 것은 필요의 문제입니다. 운동을 꾸준히 해야 건강을 유지할 수 있죠. 쉰다는 것은 욕망의 문제입니다. 욕망에 충실한 삶을 살면, 삶이 고통스럽거나 짧아질 수 있어요. 인생을 건강하게 오래 즐기기 위해서는 운동을 먼저 하고, 나중에 쉬어야 합니다.

영어 공부도 똑같습니다. 두뇌는 우리 몸의 5퍼센트도 되지 않지만, 전체 에너지의 20퍼센트를 넘게 씁니다. 에너지 사용이 가장 많으므로, 뇌 역시 멍하니 쉬는 것을 가장 좋아합니다. 뇌는 게으른 천재입니다. 인류가 이룩한 찬란한 문화유산을 보면, 우리 두뇌가 기적을 만드는 기관이라는 것을 증명합니다. 7~8개 외국어를 하는 사람도 있고, 영어와 한국어를 동시에 통역하는 사람도 있습니다. 게으름뱅이긴 하지만 마음만 먹으면 뇌는 무엇이든 할 수 있습니다. 늘어지면 한 발짝도 나가기 싫은 게 우리 본성이지만, 연습만 하면 40킬로미터가 넘는 마라톤도 완주할 수 있는 것 또한 우리 인간입니다. 결국 인간을 위대하게 하는 것은 원하는 것보다 필요한 것에 집중하는 행위입니다.

가만히 앉아 미드를 보는 것은 우리가 원하는 일이고, 힘들게 소리 내어 영어 회화를 암송하는 것은 우리에게 필요한 일입니다. 필요한 일을 먼저 하고, 원하는 일은 나중에 하세요. 그게 시간을 배분하는 바람직한 기준입니다.

공부의 밑천은
끈기와 자존감

《공부의 진실》(나카무로 마키코 지음, 유윤한 옮김, 로그인)의 저자는 교육
경제학자입니다. 우리가 잘 모르는 공부의 허상을 데이터를 통해
파헤칩니다. 그중 솔깃했던 대목은 자존감과 학습 능력에 대한 상
관관계였어요. 흔히 자존감이 높으면 학습 능력도 높다고 생각해
서 아이의 자존감을 키워주려고 하는데, 이는 의도치 않은 결과를
낳을 수 있답니다. 이를테면 성적이 낮은 아이에게 무턱대고 "넌
머리가 좋으니까, 마음만 먹으면 언제든지 잘할 수 있어"라고 칭찬
하면 실력을 갖추지 못한 나르시스트를 만들기 쉽다고 해요. 아
이의 재능이 아니라 구체적으로 노력한 것을 높이 평가해주어야

한답니다. "넌 오늘 정말 열심히 공부했구나" 하고 그날의 구체적인 성과를 칭찬해야 합니다.

제가 느끼기에 외국어를 잘하는 재능이란 건 없습니다. 매일 영어 문장 10개씩 꾸준히 외운다면 그게 바로 재능 아니냐고 묻는 이도 있습니다. 하기야 그것도 재능이라면 재능이지요. 재능은 타고나는 것 같지만, 사실은 그렇지 않아요.

책에 보면 교육에서 중요한 비인지 능력 두 가지가 나옵니다. 바로 자제심과 끈기입니다. 성공의 열쇠는 끈기입니다. 책에는 덕워스 교수의 6분짜리 〈TED〉 강의가 소개되어 있습니다.

https://www.ted.com/talks/angela_lee_
duckworth_the_key_to_success_grit

재능과 끈기는 별개랍니다. 재능이 있어도 끈기가 없으면 성공은 힘들다지요. 실패는 영원히 지속되는 상태가 아닙니다. 노력하면 다음에는 반드시 성공할 수 있어요. 이걸 믿어야 끈기가 생깁니다. 실패를 두려워 말고 시작하고, 실패해도 훌훌 털고 다시 시작하는 거지요.

교육학자들이 연구한 바에 따르면, 인지 능력을 개선하는 데에는 연령적 한계가 있답니다. 어린 시절에 어떤 환경에서 자라느냐가 분명 영향을 미칩니다. 그런데 비인지 능력은 그렇지 않다는군요. 성인이 된 뒤에도 끈기는 얼마든지 키울 수 있어요.

끈기를 키우고자 할 때 경계해야 할 점도 있습니다. 영어는 조기 교육이 중요하다고 믿는 사람은 나이 들어 아무리 공부해봤자 영어가 잘 늘지 않아요. 영어가 늘지 않으면 언제나 핑계를 들어 쉽게 포기하거든요. "에이, 이미 늦었는데 이 나이에 무슨……" 하면서요. 문제는 이런 자세가 끈기라는 비인지 능력을 키울 기회마저 걷어찬다는 겁니다.

자존감과 끈기는 인생을 사는 데 가장 소중한 밑천입니다. 영어 암송 공부를 통해 영어 실력도 키우고, 자존감과 끈기도 키웁시다.

진화의 법칙을
거스르지 마라

저는 걷기 여행을 좋아해서 제주도 올레길을 자주 걷습니다. 하루
는 산속에서 길을 잃고 무성한 풀밭에 들어섰어요. 발아래를 보니
풀이 빼곡해서 땅이 전혀 보이지 않았어요. 순간 저는 두려움에 몸
이 얼어붙어 한 발짝도 앞으로 나갈 수가 없었습니다.

"조심해! 거기 뱀이 있어!"

머릿속에서 누가 외치는 것 같았어요. 발을 디디면 풀 속에 있는
뱀을 밟아 바로 물릴 것 같았지요. 사실 이것은 내 속에 있는 수십
만 년 전 원시인의 외침입니다.

《오래된 연장통》(전중환 지음, 사이언스북스)이라는 진화심리학 책에

따르면, 우리의 마음은 오랜 세월에 걸쳐 진화가 만들어온 산물이랍니다. 생존에 유리한 게 무엇인지 일일이 따지자면 정신적으로 피로하니까, 생존에 유용한 습성을 무의식적으로 반응하는 본성으로 만들어둔 거죠.

인간은 수십만 년 동안 수렵·채취인으로 살면서 영양을 보충하기가 쉽지 않았지요. 가장 빠르게 에너지를 얻을 수 있는 영양소는 당분입니다. 그래서 단맛을 좋아하도록 입맛이 진화했다는군요. 상한 음식을 먹으면 탈이 나거나 죽는다는 것도 경험으로 깨달았어요. 그래서 썩은 내를 맡으면 아무리 배가 고파도 구역질이 나서 먹을 수 없게 진화했대요. 수렵·채취로 살다 보면 다음 식량이 언제 생길지 알 수 없죠. 그래서 일단 먹을 게 있으면 최대한 먹고 보는 게 생존의 기술이 되었습니다.

냉장 기술과 농업 기술의 발달로 우리는 지금 인류 역사상 식량이 가장 풍족한 시대를 살고 있어요. 이제는 굳이 단것을 섭취하지 않아도 영양은 충분히 보충되고 있습니다. 끼니때마다 꼬박꼬박 식사를 할 수 있어요. 그러나 수십만 년 동안 설계된 심리적 본성을 이길 수 없어 단것만 보면 구미가 당기고, 필요 이상으로 과식을 하게 됩니다. 그러다 결국 과도 비만이나 당뇨에 시달리게 되고요. 수십만 년 동안 진화해온 우리의 몸과 마음은 지난 100년 사이에 이뤄진 세상의 변화를 여전히 따라잡지 못하고 있는 것 같아요.

걷기 여행을 즐기는 나로서, 뱀보다 더 두려워해야 하는 것은 도로를 질주하는 자동차입니다. 요즘은 뱀에 물려 죽는 사람보다 차에 치여 죽는 사람이 훨씬 더 많으니까요. 하지만 자동차는 생긴 지 100년도 안 됐기 때문에 차에 대한 두려움이 아직 본능으로 각인되지 않았어요. 뱀이 무서워 풀이 무성한 산길을 걷는 건 두려워하면서, 정작 자동차가 쌩쌩 달리는 차도를 뛰어 건너는 것은 별로 겁내지 않습니다. 참 아이러니하죠.

우리가 소리를 듣고, 말을 하는 것도 수십만 년 동안 계속된 진화의 산물입니다. 모든 사람이 글을 읽고 쓰게 된 것은 비교적 최근의 일입니다. 진화심리학으로 보면 더 오래된 행위가 자연스럽고, 최근에 익힌 습성은 아직 각인되지 않았습니다. 듣고 말하기는 쉽고, 읽고 쓰기가 어려운 것이 이런 이치지요.

모국어를 읽고 쓰는 것도 듣고 말하기를 익히고 나서야 시작합니다. 그런데 왜 외국어는 읽고 쓰기부터 배울까요? 《영어 순해》의 서문에는 이런 글이 나옵니다.

'어느 것을 먼저 배워야 하는가, 말이냐 글이냐?
이 문제에 대해서는 아직도 의견이 일치하지 않는 것 같지만,
필자는 모국어를 배운 것처럼 외국어를 배우는 것이 가장 이
상적인 방법이라고 생각합니다. 왜냐하면 말을 먼저 배우고

나면 그만큼 쉽게 글을 읽고 쓸 수 있지만, 글을 먼저 배우고

나서 말을 배우는 경우에는 말을 자연스럽게 하는 것이 일반

적으로 어렵기 때문입니다.

- 《영어 순해》(김영로 지음, 고려원)

　이 책이 나온 것이 1983년도 일입니다. 그 시절에 이미 읽고 쓰기 위주의 제도권 영어 교육이 실제 언어구사력을 키워주지 못한다는 걸 알았던 것입니다. 하지만 우리는 아직도 학교에서 읽고 쓰기 위주로 배웁니다. 수능의 영어시험도 문법과 독해, 어휘력 위주고요. 이건 어쩔 수 없는 일입니다. 영어의 회화 능력 평가 비중이 늘어나고 듣기 평가 점수 반영이 높아지면 어려서 영어 사교육을 시키거나 조기 유학을 다녀온 아이들, 즉 구어체 영어에 익숙한 아이들이 높은 점수를 받게 됩니다. 교육이란 사회의 구조적 모순을 심화하는 게 아니라 기회 균등을 추구하는 제도거든요. 그러니 어쩔 수 없이 학교 교육은 읽고 쓰기 위주로 이루어지고 수능 평가 역시 문어체 영어가 중시되는 겁니다.

　그동안 영어가 힘들었던 이유는 언어를 거꾸로 배운 탓입니다. 직장인이라면 이제 학교를 졸업했으니 수능을 볼 필요가 없어요. 말하는 것부터 시작하는 공부는 쉽고, 즐겁고, 잘됩니다. 진화의 순서대로 배우는 거니까요.

억지로 가르친다고
늘지 않는다

몇 년 전, 초등학교 6학년생이던 조카의 숙제를 도와준 적이 있습
니다. 아이들이 관심 있는 직업인을 만나 인터뷰하는 게 과제인데,
방송사 PD를 인터뷰하고 싶다고 해서 아이들을 만나러 갔습니다.

초등학교 6학년 진로 탐색 과제인데, 스마트폰으로 인터뷰를 찍
고 편집해서 동영상으로 과제를 제출한다기에 혀를 내둘렀습니다.
'요즘 아이들 정말 대단한걸?' 저는 PD가 되기 전에는 동영상 편집
은커녕 촬영도 해본 적이 없거든요. 스마트폰으로 촬영하는 아이
들이 무려 셋이나 되었어요. '이런 인터뷰를 굳이 카메라 3대로 찍
어서 편집까지 하나? 진짜 대단하네!'

그런데 아이들 셋이 서 있는 위치를 가만히 보니 저로부터의 거리가 비슷하더군요. '저렇게 찍으면 인물 사이즈의 차이가 없어 편집이 쉽지 않을 텐데?' 카메라 3대를 돌릴 때 기본 콘티는, 한 명은 떨어져서 질문자랑 저랑 둘이 같이 보이는 풀샷을 찍고, 또 한 명은 가까이에서 저만 찍고, 나머지 한 명은 90도 각도에서 질문자를 찍어야 편집이 용이합니다. 같은 위치, 같은 거리에서 찍으면 앵글과 사이즈가 다 비슷해 편집이 어렵지요. 차마 아이들의 작업에 간섭은 못 하겠고, 속으로 '어떻게 편집하려고 저러지?' 궁금해했어요. 나중에 조카의 말에 의문이 풀렸습니다.

"삼촌, 얘들 스마트폰으로 게임해요!"

알고 보니 촬영은 한 명만 하고 나머지 둘은 촬영하는 척 스마트폰으로 게임을 하고 있었어요. 그 순간, 맥이 탁 풀렸습니다. 바쁜 와중에 어렵게 시간을 내어 간 건데 아이들은 게임을 하고 있다니.

중·고등학교에서 진로 특강 요청이 많이 들어옵니다. 저는 공대를 나와 영업사원으로 일하다 예능 PD가 되었고 나이 마흔에 드라마 PD로 이직했어요. 나이 오십에도 저의 진로 탐색은 멈추지 않아요. 퇴직 후 전업 작가가 되기 위해 매일 한 권씩 책을 읽고 한 편씩 글을 씁니다. 학교에서 진로 특강 요청이 오면 먼저 꼭 물어봅니다. "대상 학생들은 어떻게 되나요?"

학교 수업 시간을 이용해 강당에 전교생을 모아놓고 하는 강의

라면 왠지 의욕이 떨어집니다. 의무적으로 수업을 듣는 학생들은 주의가 산만하여 하는 이나 듣는 이나 재미가 없거든요. 지원자들만 따로 모은 방과 후 특강에 가면 펄펄 납니다. PD가 되고 싶다는 아이들은 눈을 빛내면서 제 이야기를 듣습니다. 아이들의 열성을 보면 저도 더 신이 나서 강의를 하고요. 공부는 자기 주도성이 가장 중요합니다. 방송사 PD를 만나 아무리 재미난 이야기를 들어도, 그 직업에 관심이 없다면 차라리 그 시간에 휴대전화 게임을 하는 게 나아요. 영어 공부도 마찬가지입니다. 어릴 때 영어의 중요성을 모른다면, 학원에 가서 백날 앉아 있어도 공부는 되지 않습니다. 비싼 학원 보낸다고 해결되는 것도 아니에요.

언어는 학원에서 가르친다고 저절로 느는 게 아닙니다. 직접 문장을 외우고 말로 표현하는 적극적 노력 없이는 쉽게 늘지 않습니다. 오히려 학원에 가지 않고도 혼자 열심히 하면 충분히 잘할 수 있는 게 영어입니다. 어릴 때 영어는 우리에게 시험 과목이었지요. 그래서 늘 스트레스의 주범이었어요. 하지만 영어는 의사소통의 도구이자 문화의 도구입니다. 어른이 되어 책을 읽고, 만화를 보고, 영화를 보며 즐겁게 배울 수 있습니다. 무엇이 재미있고 재미없는지는 어른이 되면 다 압니다. 자신이 무엇을 할 때 가장 즐거운가, 그것을 찾는 게 진짜 공부입니다. 아이든 어른이든 말이지요.

국어 실력부터
쌓아라

통역사 출신이라고 하면 사람들이 물어봅니다.

"영어, 언제부터 공부하셨어요?"

진짜 하고 싶은 질문은 이것일 겁니다.

"나이 들어 영어 공부를 시작해도 잘할 수 있을까요?"

제가 본격적으로 영어 공부를 시작한 건 대학에 입학한 후입니다. 외국어는 어른이 되어 배우기 시작해도 늦지 않습니다. 일본어는 나이 마흔에 히라가나부터 외웠어요. 그래도 일본어 회화를 편하게 구사하기에 일본에 여행 가도 불편함이 없습니다. 언젠가 회사에서 안식년을 얻어 1년간 세계 일주를 하는 게 꿈인데요. 그때까지 영어 · 일본어 · 중국어 · 스페인어 · 프랑스어 5개 외국어로 말하는 게 제 목표입니다. 나이 오십에도 새로운 외국어를 독학으로 공부할 수 있다고 믿으니까요.

외국어는 무조건 어려서 배워야 잘한다고 믿는 분도 있지만, 조기교육은 득보다 실이 더 많습니다. 경제적 비용이 너무 크고, 모국어 사용 능력이 약해지며, 아이의 자존감마저 꺾습니다.

먼저 돈 얘기부터 좀 해보죠(짠돌이에겐 최고의 관심사입니다). 다들 아이가 어릴 때 외국에 데리고 나가 영어를 가르치는 게 가장 좋다고 생각합니다. 조기 유학 붐이 불어댔죠. 엄마가 아이를 데리고 1년 다녀오면 1억 정도 듭니다. 여덟 살에 외국에서 1년 살다 오면 영어는 늘 것입니다. 그 시절에는 언어를 스펀지처럼 흡수하니까요. 하지만 돌아오면 한국어를 흡수하는 것도 그만큼 빠르죠. 결국 영어는 잊어버리게 됩니다. 그대로 두면 1억을 그냥 날리게 될까봐 하루 3시간씩 영어 학원에 보냅니다. 귀국자녀반이라고 아예 집중 코스도 있어요. 한 달에 100만 원이 넘는 고액 학원도 있답니다. 그래도 미국 다시 보내는 것보다는 싸죠.

보통은 아이가 미국으로 다시 보내달라고 조릅니다. 외국에서 자유로운 학교 분위기를 맛본 아이에게 한국의 학교생활은 지옥입니다. 학교 수업, 영어 학원, 수학 과외 사이에서 뺑뺑이를 돌다 녹초가 됩니다. 결국 아이는 다시 엄마의 손을 잡고 외국으로 유학

떠나고, 아빠는 홀로 남아 돈을 벌어 부치지요. 나중에 만나도 영어가 안 되는 아빠와 한국어를 잊은 아이의 상봉은 그냥 남북 이산가족 상봉처럼 애틋하기만 할 뿐입니다. 아이들 조기 유학 때문에 헤어져 사는 이산가족이 너무 많아요.

《돈 버는 선택 vs 돈 버리는 선택》(잭 오터 지음, 이건 옮김, 부키)이라는 책을 보면, 경제란 선택의 학문이라는 말이 나옵니다. 어떤 선택을 해야 비용 대비 효과가 클까? 책에는 이런 딜레마가 나옵니다.

'자녀 학비 마련이 먼저일까?' vs '은퇴 자금 마련이 먼저일까?'

답은 추락하는 비행기를 타고 있는 경우와 같답니다. 비행기 탑승 중에 위기가 발생하면 산소마스크가 내려옵니다. 안내서를 보면 노약자보다 자신이 먼저 쓰라고 되어 있죠. 다급한 마음에 아이에게 마스크를 씌우려고 실랑이를 하다 부모가 산소 부족으로 정신을 잃으면 아이를 돌봐줄 어른이 없어, 결국 부모와 아이 둘 다 죽습니다. 부모가 먼저 마스크를 쓴 후 침착하게 아이의 마스크를 씌워줘야 합니다.

교육비 지출도 마찬가지입니다. 부모가 먼저 살아야 합니다. 노후 대비 자금을 먼저 마련한 후, 여력이 있을 때 조기 유학도 보내고 영어 학원도 보내는 거죠. 아이들 학군 때문에 빚내서 집 사고, 사교육비 지출 때문에 저축도 변변히 못했는데 부동산 버블이 터지기라도 한다면 어떤 일이 일어날까요. 자식에게 물려줄 게 빚밖에 없는 상황이 벌어지는 거예요.

인공지능의 시대, 취업은 갈수록 어려워질 것입니다. 교육비로 노후자금을 끌어다 쓴 탓에 나이가 들수록 부모는 가난해집니다. 그런 부모를 두고 자식이 자유롭게 꿈을 펼칠 수 있을까요? 자식에게 필요한 건 영어 조기 교육이 아니라 경제적으로 부담을 주지 않는 부모가 되는 것입니다.

영어는 어른이 되어 독학으로도 충분히 잘할 수 있습니다. 그런데 왜 다들 외국어는 조기 교육이 중요하다고 말할까요? 거기에 돈이 있기 때문입니다.

자본주의 사회에서는 돈이 되는 일이라면 누구나 목청을 높여 떠듭니다. 영어 조기 교육에는 돈이 많이 듭니다. 유학 알선이며 영어 학원이며, 그걸로 돈 버는 사람도 많습니다. 영어 조기 교육의 필요성을 목청 높여 외치는 사람은 많아도, 굳이 시키지 않아도 된다는 사람은 없습니다. 돈이 되지도 않는 일을 애써 떠드는 사람은 없으니까요.

단순히 돈 아끼자고 영어 조기 교육을 시키지 말라는 얘기가 아닙니다. 어른이 되어 영어를 독학으로 공부하면 인생 최고의 필수 경쟁력까지 갖추게 됩니다. 바로 모국어 사용 능력과 자존감입니다.

탄탄한 모국어가
탄탄한 외국어를

수명 연장에 대한 강의를 들었습니다. 연사가 조선 시대 평균 수명을 표로 보여주었어요. 왕들의 평균 수명은 45세, 양반은 60세인데 비해 내시는 무려 70세였습니다. 저는 그 통계를 보고 '왕은 왕비와 후궁이 여럿이고 양반은 부인이 하나인데, 내시는 부인이 없구나. 부인의 수가 수명에 반비례하네. 마누라가 수명 단축의 원인인가?' 하고 생각했습니다. 이건 전형적인 해석의 오류지요.

강의하시는 박사님은 테스토스테론 과다가 남자의 수명 단축을 불러온다고 하셨어요. 남성 호르몬인 테스토스테론은 경쟁이 치열하거나 스트레스가 많을 때 수치가 올라간답니다. 치열한 경쟁 속에 사는 개체일수록 테스토스테론의 수치가 올라가는데, 내시가 오래 사는 이유는 생리적으로 테스토스테론이 적기 때문이랍니다. '아, 그렇구나. 남성 호르몬이 많으면 수명이 짧아지는구나. 마누라의 수와는 관계가 없구나.'

현상을 바르게 해석하는 게 중요합니다. 제가 PD가 된 게 영어를 잘한 덕분이라고 생각하는 사람도 있습니다. 사실 영어랑 담쌓고 살다가 PD가 된 사람이 훨씬 더 많습니다. 저는 영어보다 국어 실력 덕에 PD가 되었습니다. 저는 영어보다 한국어를 훨씬 더 잘하거든요. 영어는 MBC 입사시험 1차 필기 과목 셋(국어, 영어, 상식) 중 하나일 뿐이에요. 1차를 통과한 후에는 영어 성적은 합격 여부와 별 관계가 없습니다. 2차 면접과 3차 합숙 평가는 오로지 한국어 말하기와 글쓰기로 결판이 납니다. 많은 사람이 취업에 영어가 중요하다고 생각하지만, 모국어가 영어보다 훨씬 더 중요합니다.

연애 한번 하려고 해도 모국어 사용 능력이 절실합니다. 사람을 만난 자리에서 상대를 즐겁게 해주는 화술도 갖춰야 하고, 재미난 문자로 웃길 수 있는 글 감각도 있어야 합니다. 연애는 소통을 통해 이루어집니다. 말발과 글발, 모두 필요한 게 연애지요.

이런 모국어 실력은 언어형성기에 길러집니다.

언어형성기: 개인의 언어적인 특징이 형성되는 시기. 특히 발

음, 강세, 억양과 관련된 습관이 고정되는 4~12세를 이른다.

저는 어려서부터 유시민 씨가 쓴 책을 좋아했어요. 유시민 씨는 우리 시대의 대표적인 지식인으로 말과 글이 다 유창하지요. 그는 대학 졸업하고 서른이 넘은 나이에 독일로 유학 가서, 그때 처음 독일어를 정식으로 배웠다고 해요. 그렇지만 독일어로 박사 논문을 쓰는 데 별 어려움이 없었답니다. 연구를 하고 논문을 쓴다는 것은 자신의 논리를 만들고 다른 이들에게 설득하는 일인데 그 바탕이 바로 모국어 실력이라는 것이지요. 《유시민의 글쓰기 특강》을 보면 '모국어가 중요하다'라는 글이 있습니다.

> 무엇보다도 자기 머리로 생각하는 능력이 중요하다. 그래야 창의적으로 생각하면서 주체적으로 살아갈 수 있다. 어린이 영어몰입교육은 우리말로 생각하는 능력을 훼손할 수 있다. 언어는 단순한 말과 글의 집합이 아니다. 언어는 생각을 담는 그릇이다. 말하고 글 쓰는 것뿐만 아니라 생각하는 데에도 언어가 있어야 한다. 모국어를 바르게 쓰지 못하면 깊이 있게 생각하기 어렵다. 생각을 제대로 하지 못하면 외국어도 잘하기 어렵다.
>
> - 《유시민의 글쓰기 특강》(유시민 지음, 생각의길)

2016년 봄, 알파고와 이세돌의 대결을 보고 느낀 점이 있어요. 인공지능이 산업 전반에서 활약하게 될 20~30년 후, 그 시대를 살아가려면 창의성이 필수입니다. 창의성이란 자신만의 사고를 하는 능력인데, 정확한 모국어가 바탕이 돼야 창의력도 발휘할 수 있어요. 머리가 아무리 좋아도 자신의 생각을 표현하지 못한다면 무슨 소용이 있겠습니까. 책을 읽고 이해하는 학습 능력 역시 탄탄한 모국어를 기반으로 길러집니다.

어른이 되도록 영어 하나 못한다고 자괴감을 느끼는 사람도 있습니다. 원래 어려서는 모국어 하나 잘 배우는 게 가장 중요합니다. 모국어의 틀이 잡혀 있으니 외국어를 배우기도 쉽습니다. 어른이 되어 영어 공부를 한다고 모국어 사용 능력이 떨어지지도 않아요. 탄탄한 제1언어가 있어야 제2언어도 배울 수 있는 겁니다. 어려서 배우는 영어는 빠르고 쉽게 느는 것 같지요. 위험천만한 선택입니다. 모국어의 희생 위에 이루어지기 때문입니다. 진짜 외국어 공부는 어른이 된 후에 하는 게 맞아요.

작은 성취감이
인생의 밑거름이 된다

고등학교 진로 특강에 가면, 아이들에게 고교 시절 제가 왕따였다는 얘기를 해줍니다. 고교 시절에 죽을 것 같이 힘들어서 자살을 시도한 적이 있다는 것도요.

아이들이 "뭐가 그렇게 힘들었어요?"라고 물어보면 저는 이렇게 얘기합니다.

"부모님이 하는 말 중 가장 듣기 싫은 소리가 뭐예요? '우리 친구 아들, 우리 친구 딸' 아닌가요? 엄마가 나를 다른 사람과 비교하면 참 힘들지요? 저는 부모님이 두 분 다 학교 선생님이셨어요. 그래서 걸핏하면 '우리 학교 전교 일등은 말이야' 하고 얘기하셨어요.

여러분의 비교 대상은 엄마 친구 아들이지만 저의 비교 대상은 아버지 학교 전교 일등이었어요."

그러면 아이들이 '아, 저 아저씨, 진짜 힘들었겠다' 하며 저를 안타까운 표정으로 쳐다봅니다.

"심지어 저는 공부를 그리 잘하지도 못했어요. 고등학교 내신 등급이 15등급 중 7등급, 반에서 50명 중 22등이었어요. 외모로는 반에서 가장 못생긴 아이로 뽑힌 적도 있어요. 부모, 공부, 외모 이 세 가지 고민 때문에 죽어버릴까 한 적이 있어요. 혹시나 여러분 중에 그런 문제로 고민하는 사람이 있다면 해결방법을 알려드릴게요. 그 세 가지 고민은 한 가지 방법으로 해결됩니다. 뭘까요?"

아이들이 눈을 똥그랗게 뜨고 쳐다봅니다.

"그냥 살면 돼요. 하루하루 살면서 나이 들어가면 됩니다. 중·고교 시절에는 학교 성적이 중요하지요? 학창 시절에 유일하게 사람을 평가할 수 있는 기준이 성적이니까 그걸로 줄을 세우지요. 그렇지만 어른이 되면 각자 자신이 갖고 있는 다양한 능력으로 먹고살 수 있어요. 절대 공부가 인생의 전부가 아니에요. 청소년기에는 외모가 다인 것 같지요? 잘나고 예뻐 봤자 나이 마흔이 넘으면 다 아저씨고 아줌마예요. 잘나 봤자 거기서 거기지요. 부모님 문제는요, 어른이 되면 절로 해결됩니다. 나이 스물이 넘어서도 부모와 갈등이 있다면 그건 더는 여러분 잘못이 아니에요. 부모가 이상한 겁니다. 나이 스물이 넘으면 자식도 어른이거든요? 함부로 남의 삶에 참견해서는 안 되는 거죠."

귀 기울이는 아이들에게 마지막 당부로 이야기를 맺습니다.

"지금은 여러분 뜻대로 할 수 있는 일이 많지 않아 힘들 겁니다. 대학에 가고 스무 살이 넘으면, 한 사람의 어른으로서 자신의 선택에 따라 인생을 살 수 있어요. 그때는 무엇이든 하나의 목표를 정하고 그것을 성취하는 성공의 기억을 꼭 만들어보길 바랍니다. 공부를 못한다는 데 대해서는 핑계가 있어요. 내가 원한 일이 아니니까. 하지만 적어도 자신이 하고 싶다고 마음먹은 일은 절대 포기하지 말고 끝까지 해내세요. 그런 기억이 여러분의 인생을 단단하게 만들어주는 주춧돌이 되거든요."

영어 공부를 한 후, 저는 삶에 자신감을 얻었어요. 마음먹은 일은 무엇이든 해낼 수 있다는 자신감. 어린 시절에는 공부가 적성에 맞지 않으면 못할 수도 있지요. 사람이 모든 과목을 다 잘할 수는 없잖아요? 그런데도 수능시험은 단 한 과목도 포기할 수 없게 만들어요. 모든 과목을 다 잘하려니 얼마나 힘들겠어요. 공부를 잘하려면 모든 것을 잘해야 하지만, 어른이 되면 자신이 좋아하는 일 딱 하나로 승부를 걸 수 있습니다. 내가 좋아하는 취미나 특기가 나의 일이 됩니다. 외모 때문에 주눅 드는 일도 줄고 아버지가 잔소리를 해도 상처받지 않아요. 그냥 자기가 하고 싶은 일을 열심히 하면서 살면 됩니다. 부모님의 뜻을 좇아 불행하게 사는 것보다 자신이 하고 싶은 일을 하며 행복하게 사는 게 진정한 효도라고 생각해요.

20대 이후 우리는 비로소 온전히 나의 인생을 살 수 있어요. 어른이 되면 절대적인 목표 하나를 세우고 성취하는 기억을 얻는 게 중요합니다. 그것이 영어 공부라면, 그냥 책 한 권을 정해놓고 외우면 됩니다. 다른 사람과 경쟁하는 상대적인 목표가 아니에요. 나 혼자 열심히 하면 충분히 달성할 수 있는 목표를 세워야 합니다. 그때 맛본 성취감이 인생을 사는 데 가장 큰 밑천이 될 테니까요.

사소한 일상은
사소하지 않다

일과 놀이가 하나 되는 경지, 누구나 꿈꾸지만 쉽지는 않습니다. 일을 놀이처럼 접근하기가 어렵거든요. 그래서 저는 일을 놀듯이 하기보다, 놀이를 일처럼 합니다. 어떤 일이든 열심히 하면 잘하게 되고, 잘하는 일은 직업으로 전환할 수 있습니다. 저한테는 영어가 딱 그랬어요. 취미 삼아 공부를 시작했는데 통역사라는 직업으로 연결됐어요. 영어 공부를 하며 '몰입의 즐거움'을 맛본 덕분이지요. 한 번 사는 인생, 어떻게 살아야 잘 사는 것일까요? 몰입의 즐거움이 중요합니다. 몰입은 어떻게 맛볼 수 있을까요?

> 몰입은, 쉽지는 않지만 그렇다고 아주 버겁지도 않은 과제를
> 극복하는 데 한 사람이 자신의 실력을 온통 쏟아부을 때 나타
> 나는 현상이다.
>
> – 《몰입의 즐거움》(미하이 칙센트미하이 지음, 이희재 옮김, 해냄)

영어를 독학으로 배우는 건, 쉽지는 않지만 그렇다고 아주 버겁지도 않은 과제입니다. 20대에 영어를 공부한 것이 몰입을 연습하는 좋은 방법이었어요. 물론 여기서 중요한 것은 자율성입니다. 누가 시켜서 억지로 하는 공부에서 몰입을 맛보기란 쉽지 않거든요.

어떤 일을 하는 목표는 그 일 자체여야 합니다. 성과를 염두에 두고 일을 시작하면 세 가지 장애물이 나타나요. 첫째 반드시 성공해야 한다는 압박감이 따르고, 둘째 실패했을 때 보람을 느끼기 힘들고, 셋째 일을 하는 과정이 즐겁지가 않아요.

제겐 영어가 놀이였어요. 미국 시트콤을 즐기고, 소설을 읽는 능동적 여가 말이죠. 다만 그걸 즐겁게 하기 위해서는 처음에 회화 교재를 외우는 과정이 필요합니다. 복잡한 활동은 시동을 걸기는 어렵지만, 그 단계만 잘 넘기면 일과 놀이의 경계가 사라지는 아주 행복한 경지에 이르게 됩니다. 고생스러운 단계를 통과하려면 분명한 목적이 있어야 합니다. '나는 왜 이걸 하고 있는가?'

PD란 직업에 관심을 가진 학생들을 만나면 하나같이 직업의 보람을 이야기합니다. 예쁜 여배우를 만나고, 제작발표회에 나가 감독 인터뷰를 하는 멋진 장면만 생각합니다. 드라마 감독의 일상은 사실 매우 지루하고, 매우 힘이 듭니다. 같은 장면을 카메라 위치를 옮겨가며 밤을 새워 반복해서 찍습니다. 그 단순한 작업을 무수히 반복해야 하나의 장면, 하나의 에피소드, 한 편의 드라마가 완성됩니다. 작품의 질은 디테일이 만들고 디테일이란 사소한 것까지 주의를 기울이는 것입니다. 그러므로 일을 잘하고 싶은 사람은 사소한 일에도 집중하는 습관을 길러야 합니다.

영어를 잘한다는 것은 작은 표현을 하나하나 모으는 일입니다. 단어 하나, 문장 하나는 별것 아니지만 그것이 모여서 영어의 틀을 세웁니다. 인생은 결국 작은 순간 하나하나가 모여 이루어지는 게 아닐까요?

제게는 블로그가 경험을 수집하는 원천입니다. 매일매일의 일상을 기록하는 이에게는 하루 24시간 매 순간이 보물 창고입니다. 책도 그냥 읽고 지나치기보다, 블로그에 소개하기 위해 밑줄을 그어가며 읽으니 몰입의 즐거움이 더해집니다. 여행을 가서도 블로그에 남길 단상을 찾아 풍경을 찾고 사람을 관찰합니다. 아, 세상에는 재미난 일이 왜 이리 많을까요?

몰입을 경험하기 위해서는 뚜렷한 목표를 가지는 게 좋다. 목표를 달성하는 게 중요해서라기보다는 목표가 없으면 한곳으로 정신을 집중하기 어렵고 그만큼 산만해지기 쉽기 때문이다. 등반가가 정상에 오르겠다는 뚜렷한 목표를 내거는 이유는 꼭대기에 못 올라가서 환장을 했기 때문이 아니라 그런 목표가 있어야 등반에서 충실한 경험을 할 수 있기 때문이다. 정상이 없는 등반은 무의미한 발놀림에 지나지 않으며 사람을 불안과 무기력에서 헤어 나오지 못하게 할 것이다.

-《몰입의 즐거움》

요즘 저는 자전거로 출퇴근하는데, 야근 끝나고 25킬로미터를 달리면 녹초가 됩니다. 그때 이렇게 생각합니다. '나는 지금 자전거 세계 일주를 위한 전지훈련 중이다.' 자전거 출퇴근에 의미를 부여하는 데 이만한 동기도 없어요.

영어 문장을 외우는 사소한 일상이라도 그 일상에 위대한 의미를 부여하는 게 중요합니다. 왜 영어를 공부하시나요? 세계 일주든, 은퇴 이민이든, 노후 취업이든 즐거운 꿈을 가슴에 품고 달리시기 바랍니다.

영어 덕택에
인생이 더 즐겁다

이제 이 책의 종착역에 다가가고 있습니다. 그런데 이 책을 읽으면서 드라마 PD가 영어 공부법에 대해 책을 쓴다니 좀 엉뚱하다고 느끼실 수 있습니다. 저는 원래 좀 이랬습니다. 대학 4학년 때는 상태가 더 심했어요. 대학을 다니던 1980년대 말에는 영어를 열심히 공부하는 사람이 별로 없었어요. 다들 '미제 타도(미 제국주의 타도)' '양키 고 홈(미군 철수)'을 외치는데, 저는 혼자 AFKN을 끼고 살았습니다. 제가 보기에 영어는 미군들이 쓰는 말이 아니라, 다가올 세계화 시대에 국제 공용어였거든요.

1980년대 말, 앨빈 토플러의 《제3의 물결》과 《권력이동》, 존 나이스비트의《메가트렌드》같은 책들을 읽어보니 다가올 21세기는 정보 혁명의 시대라더군요. 교통과 통신이 발달하면서 시장이 단일화되고 국가 간의 교류가 더욱 확대된다고. 국가 간 무역과 정보 교류가 늘어나면 영어가 필수 언어가 되겠다는 생각에 영어를 공부했습니다. 다들 토플을 공부할 때 저는 토익시험을 준비했습니다. 학술 영어는 미국 가서 박사를 딸 사람한테나 필요한 거고, 앞으로는 비즈니스 영어가 주목받는 시기가 올 것이라 생각했거든요.

1991년 한양대에서 본 토익에서 915점 받고 전교 1등을 했는데, 이건 제가 잘했다기보다 다들 그만큼 토익 공부를 안 했다는 거죠. 1992년에 졸업하면서 효성물산에 입사 지원했는데, 지원서에 토익 성적표를 첨부했더니 접수하는 여직원이 떼어내 쓰레기통에 버리더군요. "지정한 서류 외에는 받지 않습니다"라면서요. 내가 그 점수 따려고 얼마나 공부했는데!

어쨌든 다독하는 습관 덕에 운 좋게 세상의 흐름을 미리 읽을 수 있었어요. 남들보다 먼저 영어를 공부한 덕에 능통하게 되었는데, 나 혼자 잘하고 말기엔 너무 아깝더라고요. 영어가 왜 중요한지, 영어를 독학으로 공부하려면 어떻게 해야 하는지 알려야겠다는 생각에 '영어 잘하는 비법 특강'을 열었습니다. 지금 생각해보면 정말 웃기는 일이지요. 당시 한양대 중앙도서관 열람실 앞 게시판에는 이런 메모들이 붙어 있었어요.

'67번 자리 오후 1시부터 5시까지 빕니다.'

'무석아, 리포트는 97번 현철이 자리에 갖다 놨다.'

그 메모 옆에 집에서 컴퓨터로 프린트한 전단을 갖다 붙였습니다.

'영어 완전 정복! 독학으로 영어를 마스터하는 비법을 알려드립니다. 공학관 건물 105호 강의실 매주 월요일 오후 5시.'

대학 4학년이던 저는 방과 후 빈 강의실에서 특강을 열었습니다. 말하기, 듣기, 읽기, 쓰기 분야별로 나누어 4주에 걸쳐 영어 학습 방법을 강의했어요. 지금 생각하면 정말 낯이 화끈거리는군요. 제가 뭐라고 그런 강의를 했는지. 첫 회에는 스무 명 정도 왔는데 그중 절반은 동아리 후배들이었어요. 영어에 미친 선배에 대한 예우 차원에서 왔을 겁니다. 특강에 대한 반응이 저조해서 갈수록 사람이 줄더군요. 마지막 시간에는 몇 명 안 왔어요. 왜 그랬을까요?

방법이 너무 어려웠어요. 영어 청취를 잘하려면 받아쓰기를 하고, 회화를 잘하려면 책을 외우라고 했더니 다들 혀를 내두르고 돌아가 버렸습니다. 무슨 대단한 비법이 있는 줄 알고 왔는데 그냥 들입다 외우라는 소리를 하니 실망한 거죠. 당시엔 특별히 영어를 잘하지 않아도 취업에 문제가 없던 시절이니 더 그랬을 거예요. 마지막 특강을 마치고 빈 강의실에 혼자 남아 좌절했습니다. '앞으로 인생에는 이게 정말 필요할 텐데! 조금만 하면 금세 영어가 느는데, 왜 다들 이걸 몰라줄까!'

덕후의 삶이 원래 그렇지요. 첫째, 남들이 좋아하지 않을 때 먼저 좋아합니다. 둘째, 남들이 적당히 할 때 혼자 미친 듯이 합니다. 마지막에는, 그 재미난 일을 남들에게 알리려고 난리를 칩니다. 남들이 그 재미를 몰라주면 어떻게 하나요? 그냥 혼자서 그 재미난 것을 계속 즐기면 됩니다. 그래서 유럽으로 배낭여행을 갔습니다. 거기서 또 혼자 새삼 느꼈죠. '영어를 잘하면 이렇게 좋은 걸.'

20대에는 의욕만 앞세웠다가 실패했습니다. 이제 나이 50이니 새롭게 시도해봐야죠. 20대에 실패했으니 다신 안 해야지, 그런 건 덕후의 자세가 아닙니다. 될 때까지 해봐야지요. 영어도 될 때까지 하면 다 됩니다. 하다가 마니까 안 되는 거죠.

대학 시절 특강이 망한 이유는 무엇일까요? 재미가 없었기 때문입니다. 공부하는 방법이 너무 어려웠어요. 그 시절 나는 영어를 잘해야 한다는 당연한 사명감(내게만 당연한!)에 너무 기울어 있었습니다. '영어는 이렇게 중요하니, 힘들어도 해야지!' 그래서 공부하는 사람의 재미와 능률을 소홀히 했습니다.

이 책을 쓰면서 고민을 많이 했습니다. 어떻게 하면 영어 공부 비법을 제대로 알릴 수 있을까? 대학 4학년 때, 저는 책에서 읽은 이야기로 사람들을 자극했습니다.

'이런 세상이 온다고 합니다. 영어, 공부해야 합니다.'

겪어보지도 않았으면서 책에서 읽은 얘기를 앵무새처럼 반복한 겁니다. 그러니 얼마나 공허했을까요. 나이를 먹을 만큼 먹었으니, 이제 살면서 겪은 내 얘기를 할 수 있게 되었습니다.

'그래, 내가 가장 잘 아는 이야기, 나에 대한 이야기로 영어 공부에 동기부여를 해보자. 영어 공부 덕에 내가 얼마나 재미난 직업을 얻었는지, 영어 덕에 얼마나 인생이 즐거워졌는지, 영어 덕에 얼마나 예쁜 부인을 얻었는지, 그런 걸로 글을 써보자.'

영어를 잘하면 즐길 수 있는 것이 정말 많아집니다. 인터넷에 올라온 많은 글을 재미나게 읽을 수 있고, 재미난 유튜브 영상을 즐길 수 있고, 세계 어디로든 여행을 떠날 수 있습니다. 더 많은 사람이 영어 공부를 즐겼으면 좋겠어요. 그 욕심에 저도 다시 한 번 도전합니다. 이번엔 잘되기를!

외국어는 독학으로 충분히 공부할 수 있다고 믿는 편인데, 그
런 제게 좌절을 안겨준 언어가 있습니다. 바로 중국어지요.《가장
쉬운 중국어 첫걸음의 모든 것》이라는 책을 사서 본문에 나오는 회
화 문장을 모두 외웠습니다. 싱가포르 여행을 갔을 때, 자신 있게
중국어로 물어봤어요.

"쩌거 차이 하오츠마?(이 요리 맛있나요?)"

"취 래플스판디엔, 쩐머 쪼우?(래플스 호텔에 어떻게 가나요?)"

다들 멀뚱멀뚱한 표정으로 쳐다만 보더군요. 답답해서 다시 영
어로 물어야 했어요. 작전상 후퇴!

제주도 올레길 걸으러 갔다가 제주 시내에 있는 찜질방에서 잔
적이 있어요. 저는 국내 여행 가면 호텔 대신 찜질방을 애용합니다.
걷기 여행 마지막 날, 한증막에서 땀을 뺀 다음 수면실에서 푹 자
는 게 짠돌이 배낭여행의 비법이지요. 그런데 그날은 중국인 단체
관광객들이 몰려드는 바람에 제대로 자기가 힘들었어요. '중국인

들은 왜 저렇게 목소리가 크지?' 그런데 중국어를 배워보니 알겠더군요. 중국어는 같은 발음이라도 성조에 따라 뜻이 달라지니까 무조건 크고 또렷하게 말해야 합니다. 우리말로는 '쯔'나 '츠'에 해당하는 발음도 zh, ch, z, c, j, q 등 무려 여섯 개나 돼요. 이게 혀를 어느 정도 굴리느냐에 따라 구분되니까 무조건 목소리를 크게 해야 하는 거지요.

중국어는 독학이 쉽지 않음을 깨닫고 학원에 다니기로 했습니다. 중국어 학원에 가서 열심히 떠들었더니 원어민 선생이 웃으며 발음기호와 성조부터 다시 배우라고 하더군요. 그래서 새벽반 직장인 수업을 들었습니다.

회화 학원에 다녀보니 나름 재미있더군요. 중국어 실력은 아직 보잘것없지만, 회화 수업을 활용하는 법에 대해서는 몇 가지 깨달은 바가 있어 적어볼까 합니다.

1. 학원 수업보다 예습·복습이 더 중요하다.

중국어 학원에 다니는 직장인들은 모두 대단한 사람들이었어요. 밤늦게까지 야근하고, 회식하고, 출장 다니는 와중에 출근 전 시간을 내어 학원에 온 것이더군요. 아침에 일어나기도 힘든데, 1시간 일찍 일어나 학원까지 다니려니 얼마나 힘들었을까요. 그래서인지 그들에게 중국어 공부는 학원 출석이 전부였습니다.

그러나 학원 수업만 들어서는 실력은 늘지 않고 스트레스만 늘어납니다. 예습이나 복습 없이 수업만 듣는 건 영화를 보는 것과 같습니다. 그냥 아는 단어는 들리고 모르는 단어는 계속 몰라요. 원어민 선생이 라이브 공연을 하고 학생은 구경만 합니다. 학생 본인은 노력한다고 생각합니다. 실제로 하루 1시간 이상 시간을 내어 학원에 다니는 건 대단한 노력이니까요. 하지만 들인 공이나 돈에 비해 실력은 늘지 않습니다.

학원 수강으로 효과를 보려면, 적어도 1시간은 예습을 해야 합니다. 그날 배울 표현을 미리 외우고 가야 해요. 어느 정도 입안에서 맴도는 정도는 되어야 선생이 질문했을 때 바로 답할 수 있거든요. 회화 학원에서 '프리 토킹'이라는 걸 하지만, 진짜 프리 토킹은 아닙니다. 특히 초급반의 경우가 그렇습니다. 그냥 말 시키면 다들 꿀 먹은 벙어리가 되기에 대부분의 회화 선생이 그날 배운 회화 주제 안에서 질문을 던집니다. 그날 교재의 주제가 취미라면 학생의 취미에 대해 묻고, 주제가 직업이라면 일에 대해 묻는 거지요.

예습을 하면서 단원에 나오는 내용에 대해 자신의 경우를 대입해 미리 작문을 해둡니다. 작문이 힘들면 책을 뒤져서 비슷한 용례의 문장을 찾아 적어봅니다. 직업이 PD면 '방송사'가 중국어로 뭔지, '드라마를 만든다'라는 표현이 중국어로 어떻게 되는지 미리 공부해둡니다. 그래야 수업시간에 답을 할 수 있어요. 강의실에서 단어를 떠올리고 문법을 조합해서 문장을 말하려고 하면 시간도 오래 걸리고, 다른 학생들 눈치 보여서 제대로 되지 않아요.

또 학원 수업이 끝났을 때도 될 수 있는 대로 학원 내 빈 강의실이나 자습실을 찾아가 그날 배운 내용을 한번 정리하고 나오는 게 좋습니다. 선생이 수업 시간에 예를 든 표현이나 교재에 나오지 않는 단어가 있으면 사전을 찾아 확인하고 단어장에 적어둡니다. 그리고 그 표현을 외워뒀다가 다음에 비슷한 주제가 나오면 바로 써먹는 거죠. 그러면 선생이 무척 흐뭇해하고 뿌듯해합니다. '아, 교재에 없는 표현을 가르쳐줬더니 저렇게 유용하게 쓰는 학생이 있구나. 그래, 나 참 잘 가르치는 선생이야.' 이렇게 말이죠. 학원 수업의 능률을 올리려면 예습과 복습이 우선입니다.

2. 시간이 부족하다면, 예습만이라도 하자.

수업 효과를 배로 늘려주는 게 복습이지만, 만약 복습할 시간이 없다면 예습만이라도 반드시 해야 합니다. 외국어는 모국어가 아니에요. 그냥 쿡 찌른다고 바로 튀어나오지 않습니다. 미리 기름칠을 하고 발동을 걸어두어야 말이 술술 나옵니다. 시동을 걸지 않고 수업에 들어가면, 선생이 말을 시킬 때마다 '어? 어? 어?' 하다가 시간 다 갑니다. 막상 발동이 걸려 입을 열려고 하면 수업 끝! 종 칩니다. 그래서 예습이 중요한 거예요. 미리 발동을 걸어두는 시간.

예습을 할 때는 시간의 3분의 1은 전날 수업을 복습하는 데 쓰고, 3분의 2는 그날 수업을 준비하세요. 시간이 20~30분밖에 없다면, 복습은 생략하고 예습에 집중합니다. 아무리 바빠도 수업 시작 10분 전에는 도착해서 그날 수업할 본문이라도 몇 번씩 읽어보세요. 그래야 자신감이 붙어 수업이 원활해집니다.

3. 회화 수업은 민주적 절차가 아니다.

회화 수업은 모든 학생이 똑같은 시간을 배분받는 민주적 토의 과정이 아닙니다. 수업에 참여하는 학생의 열의만큼 지분을 받는 게 옳습니다. 수업 준비 전혀 해오지 않고, 질문을 하면 꿀 먹은 벙어리처럼 눈만 껌벅이며 수업의 맥을 끊고 교사를 맥 빠지게 하는 학생을 굳이 배려할 필요는 없어요. 교사는 분명 어제 수업한 본문에 나오는 문장으로 답을 할 수 있으리라 기대하고 질문을 던졌는데, 반응이 없으면 기운이 빠집니다. 이럴 때는 치고 나가서 대답을 해야 합니다. 예습을 하면서 외운 문장으로 유창하게 대답하여 선생의 기운을 북돋는 학생이 한 명만 있어도 수업 분위기가 확 달라져요.

말 없는 학생들을 상대로 하루 몇 시간씩 혼자 떠들려면 얼마나 힘들겠어요. 선생이 질문을 하면 단답형이나 한 문장으로 짧게 끝내지 말고, 가능한 한 장황하게 이야기를 늘어놓는 것도 좋습니다. 그렇게 해서 선생님의 지친 성대에 꿀 같은 휴식을 준다면 정말 훌

룽한 학생이겠죠.

프리 토킹 할 때는 남 눈치 보지 말고 마구 들이대세요. 미녀는 용기 있는 자가 차지하는 게 맞고, 회화 교사도 용기 있는 자가 차지하는 게 맞습니다. 용기 있는 자가 나서지 않아 미녀를 독거노인 만드는 게 남자의 도리가 아니듯이, 회화 교사를 혼잣말만 계속하는 외로운 왕따로 만드는 것도 학생의 도리가 아니지요.

4. 예습할 시간조차 없다면, 무리해서 학원을 끊지 마세요.

외국어를 배우는 과정에는 적극적이고 능동적인 노력이 필요합니다. 학원에 나가 수동적으로 앉아만 있는다고 영어가 늘지는 않습니다. 그냥 공부를 하고 있다는 마음의 위안만 얻겠죠. 어렵게 마음을 먹었고 돈도 들였으니, 최대한 많은 것을 얻는 게 좋지 않을까요? 주식 투자에서 고수익을 보장하는 왕도는 없지만, 영어 공부에서는 100퍼센트에 가까운 왕도가 있습니다. 바로 학원을 끊기 전에 회화 교재를 먼저 한 권 외우고 가는 겁니다. 그렇게 하면 효과가 배가됩니다.

영어가 취미가 되는 날까지

고등학교 진로 특강에 가면 아이들이 물어봅니다. PD가 된 비결이 뭐냐고. 그럼 저는 책을 많이 읽었다고 말해줍니다. MBC 신입 면접에서 심사위원들에게 가장 깊은 인상을 남긴 게 매년 책을 200권 넘게 읽는다는 얘기였어요. 그러면 아이들이 다시 묻지요. 1년에 200권씩 책을 읽으면 PD가 되느냐고. 그럼 다시 진지하게 대답합니다.

"저는 PD가 되려고 책을 읽은 게 아닙니다. 그냥 어려서부터 책이 좋았어요. 책을 많이 읽다 보니 어느 순간 PD가 되어 있더군요. PD는 우리 시대의 이야기꾼이에요. 책을 많이 읽고 이야기를 즐기는 사람이지요. 신입 PD 공채 경쟁률은 1,200대 1 정도예요. 붙을 확률보다 떨어질 확률이 훨씬 더 높습니다. 책을 좋아하지도 않는 데 PD가 되려고 억지로 책을 읽었다면, 떨어질 경우 얼마나 억울 하겠어요. 책을 읽으며 보낸 시간이 다 허송세월이 되잖아요. 그냥 여러분이 좋아하는 일을 하세요. 자신이 좋아하는 일을 미친 듯이 하다 보면 무언가 이룰 수도 있고, 또 못 이룰 수도 있어요. 꿈을 못 이루더라도 좋아하는 일을 마음껏 했으니 된 거다, 이렇게 생각하셔야 합니다. 미래를 위해 현재를 희생시키지 마세요. 꿈보다 더 중요한 건, 지금 이 순간을 즐길 수 있느냐 하는 것입니다."

《성장에 익숙한 삶과 결별하라》(우경임 · 이경주 지음, 아날로그)라는 책이 있어요. 1980년 한국인 1인당 GDP는 1,688달러였지만 2014 년에는 2만 8,338달러입니다. 30여 년 동안 약 17배로 늘었어요. 고도 성장기에는 어떤 투자든 실효를 거둡니다. 집값이 미친 듯이 솟던 시기에는 빚을 내어 집을 사면, 빚을 갚고도 남을 만큼 집값 이 올라서 이득이었지요. 하지만 이제는 저성장 시대입니다. 고도 성장이 영원히 지속될 수는 없어요. 후진국이 선진국으로 갈 때는 워낙 바닥에서 시작한 것이라 조금만 열심히 해도 성과가 납니다. 하지만 일단 선진국에 진입하면 사회 발전 속도가 더뎌집니다. 일 본처럼 거품 경제의 버블이 터지면서 후퇴하기도 하죠. 우리는 이 제 저성장 시대에 대비해야 합니다.

고도 성장기에는 빚을 내어 투자를 하는 것이 남는 장사였어요. 아파트를 사면 무조건 올랐고, 대출받아 비싼 등록금을 내더라도 취업 후 충분히 갚을 수 있었죠. 하지만 앞으로 저성장 시대에서는 그렇지 않아요. 빚을 내어 집을 사면 하우스푸어가 될 수 있고, 대출을 받아 조기 유학을 보내면 에듀푸어가 됩니다. 인간은 기억의 포로입니다. 이미 세상은 바뀌었는데도 과거 30년간 이어진 고도 성장기의 기억, 그 시절의 성공방식을 여전히 재현할 수 있다는 착각에 빠져 살지요. 그 결과, 모두가 열심히 사는데 아무도 행복해지지 않는 저성장 시대의 역설이 갈수록 뚜렷해집니다.

영어 공부가 투자로서 남는 장사였던 시절이 분명 있었지요. 수출에 강하다는 점을 내걸고 국제 무역에 박차를 가하던 고도 성장기에는 영어를 잘하는 사람이 취업이나 승진에 유리했습니다. 하지만 앞으로는 좋은 일자리 자체가 부족해집니다. 영어에 들인 돈을 회수하기 어려운 시대가 온다는 거죠. 책을 보니 대한민국에 기러기 아빠만 50만 명이랍니다. 아이의 미래를 위해 온 가족이 현재를, 가족 간의 사랑을, 노후 자금을 희생시키며 삽니다. 조기 유학을 떠났던 아이들이 외국에서 돌아올 때는 한국 경제가 이미 본격적인 저성장 국면에 접어들어 투자한 만큼 뽑기 어려울 것입니다.

투자란 보상을 바라고 하는 행위지요. 이제 영어에 투자하는 시대는 지나갔어요. 예전 같은 보상은 이제 없습니다. 영어 공부, 그 자체가 보상이어야 합니다. 영어로 무엇을 이루겠다는 생각은 버리고 자기계발을 위한 취미 활동, 두뇌 인지력을 키우는 바둑이나 장기 같은 게임처럼 영어 공부를 즐기셔야 합니다. 저성장 시대에 외국어 공부는 미래를 위한 투자가 아니라 현재를 즐기는 취미니까요.

예전에 통역대학원 다닐 때, 친구들과 그런 얘기를 했어요.

"우리나라 사람들은 영어에 너무 과도한 스트레스를 받고 사는 것 같아. 모두가 영어 공부를 할 필요가 있나? 그냥 각자 자신이 하고 싶은 일, 좋아하는 일을 열심히 하면서 즐겁게 살고, 영어가 필요할 때는 통역사나 번역사를 쓰면 되지 않을까?"

앞으로 인공지능이 발달하면 기계가 통번역을 대신 해주는 시대가 옵니다. 지금도 네이버 라인의 일본어 동시통역 서비스나 구글의 영어·스페인어 번역은 상당히 뛰어난 수준이라 합니다. 앞으로는 모든 사람이 많은 시간과 비용을 들여 외국어를 배우지 않아도, 자동번역기나 통역 앱의 도움으로 수월하게 의사소통을 할 수 있는 시대가 옵니다.

물론 자동번역기의 시대에도, 영어를 잘하는 사람이 갖는 이점은 분명 존재합니다. 고도의 지식 정보 사회가 될수록 정보의 가치가 더욱 커지거든요. 웹상의 대부분 문서가 영어로 되어 있고, 최신 전문 지식은 영어로 작성되기에 영어를 잘하는 사람과 그렇지 못한 사람의 정보 격차는 날이 갈수록 커질 것입니다. 인공지능이 아무리 뛰어나도 기계번역은 감정과 느낌을 전달하는 데 약점이 있습니다. 언어란 기본적으로 모호하고 부정확한 게 특징이거든요. '길' '바람' '그리움' 이런 우리말에 일대일로 대응하는 영어 단어가 없습니다. 그때그때 달라지기에 기계적으로 번역하기 쉽지 않지요. 인공지능의 시대에도 사람들과 공감하고 교감하고 소통하는 능력은 필수입니다. 따라서 영어로 교감하는 것은 여전히 경쟁력이 될 것입니다.

마지막으로, 이 책을 끝까지 읽어주신 분들께 감사드립니다. 저는 책 읽기를 무척 좋아합니다. 매년 100권 이상 책을 읽지만 그 많은 책에 나오는 충고를 다 따르지는 못합니다. 100권을 읽으면 두세 권의 충고를 실천하는 것 같습니다. 블로그 일일 방문자 수는 매일 1,000명이 넘는데, 댓글부대를 운용해보니 영어 문장을 외우는 분들은 그중 20~30명 정도더군요. 만약 그런 비율이라면, 이 책을 사고도 기초 회화를 외우지 않는 분이 100명 중 97명은 되는 셈입니다.

책을 읽고도 암송법을 실천하지 않는다고 너무 자책하진 마세요. 대부분이 그래요. 기껏 돈을 주고 책을 샀는데, 막상 책 한 권을 못 외워서 아쉬울 분들께도 뭔가 위안을 드리고 싶네요. 괜찮아요, 영어 공부를 하지 않아도. 더 중요한 일이 있는데 굳이 힘들게 영어책을 외울 필요는 없습니다. 영어 공부를 안 하더라도 다음 세 가지 중 하나라도 달성하셨다면 큰 선물 받으신 것입니다.

하나, '아이의 영어 교육을 위해 굳이 비싼 조기 유학을 시킬 필요는 없겠네' 하고 느끼셨다면 이 책의 선물 중 가장 큰 걸 받으신 셈입니다. 제가 이 책을 통해 가장 전하고 싶은 메시지가 그것이거든요. 아이에게 억지로 영어를 가르치지 마세요. 그 시간에 책을 읽고 자유로이 놀도록 해주세요. 나중에 아이가 대학에 가면, 그때 이 책을 보여주세요. 읽고 나서 실천할지 말지 결정하는 건 대학생이 된 아이의 몫입니다. 안 외워도 뭐라 그러지는 마세요. 본인도 안 하셨잖아요.

둘, '언젠가 이민이든 이직이든 영어가 꼭 필요한 시기가 오면, 그때 이 책에서 일러준 대로 하면 되겠네' 하고 미루셔도 됩니다. 저도 스페인어 공부를 하다가 이번 책을 쓰면서 잠시 접었어요. 책 집필에 온통 정신이 팔려 스페인어 문장이 머리에 안 들어오더라고요. 영어가 머리에 안 들어온다면, 더 중요한 일이 있어서 그런 겁니다. 지금 이 순간, 자신에게 더 중요한 일에 집중하세요. 영어는 미뤄도 됩니다.

셋, '음, 그래도 책을 읽는 동안 가끔 재미있었어' 하고 느끼셨다면 저도 기쁩니다. 코미디 PD로서 세상 사람들을 웃기는 게 제 삶의 보람이자 낙입니다. 영어 공부에 대한 책을 읽었는데 잠깐이라도 즐거우셨다면, 그것으로 저는 만족합니다.

비록 말은 이렇게 하지만, 제 블로그에 찾아오셔서 영어 공부 진도를 남겨주시는 분들이 많아지면 몹시 반가울 것입니다. 애써 영어 공부를 권한 보람이 있잖아요? 여러분의 즐거운 영어 공부를 응원합니다. 고맙습니다!

감사의 글

한민근 선생님께

선생님, 지금도 잘 지내시는지요. 〈샘터〉라는 잡지에서 평생
의 은인에게 보내는 편지글을 써달라는 부탁을 받고 문득 선
생님이 떠올랐습니다. 20년 전 저는 낮에는 영업사원으로 일
하고, 밤에는 선생님이 가르치시던 통역대학원 입시반 수업
을 들었습니다.

선생님께서는 젊은 시절인 1970년대 말 영어를 독학으로 공
부했다 하셨지요. 길을 걸으면서도 영어 테이프를 듣고 싶은
마음에 대형 카세트 플레이어를 어깨에 올려 메고 다니셨다
지요. 워크맨이나 휴대용 MP3 플레이어가 나오기 전이니까

요. 그걸 생각하면 요즘은 영어 공부 하기 참 편한 세상이에요. 호주머니에 스마트폰을 넣어두고 무선 이어폰으로 들을 수 있잖아요. 아무튼 어깨에 밥솥만 한 카세트를 짊어지고 혼자 중얼거리며 다닌 덕에 동네에서 미친 사람 취급도 받았다 하셨지요.

선생님에 대한 오해가 풀린 건 TV 덕분이었죠. 1984년 미국 대선에서 레이건과 먼데일이 TV 토론회를 벌였는데, 우리나라 방송사에서 그 장면을 생중계한 겁니다. 그때 선생님이 동시통역을 하셨지요. 그 모습을 TV 화면으로 보고서야 동네 사람들이 '아, 그렇게 중얼거리던 게 다 영어 배우려고 그런 거였구나' 했다고요.

독학으로 영어를 공부해 당대 최고의 실력파라는 평가를 들었음에도 정작 동시통역사로 오래 일하지는 못하셨습니다. 매일 몇 시간씩이나 스피커에 귀를 바짝 대고 테이프를 듣다 보니 청력이 나빠지셔서요. 동시통역사에게 청력은 생명과도 같은 것이라, 결국 선생님은 통역사 양성 학원의 강사가 되셨지요. 물론 그 덕에 제가 통역대학원 입시 준비를 할 수 있었고, 합격도 했고요.

외대 통역대학원을 졸업한 후, 저는 MBC에 PD로 입사하여 20년째 시트콤과 드라마 연출가로 일하고 있습니다. TV 연출에 대해 배운 적은 없지만, 일을 하는 데 지장은 없습니다. 영어 공부 할 때 한 문장 한 문장 차근차근 외우듯, 촬영할 때도 한 컷 한 컷, 한 장면 한 장면, 또박또박 찍어나갑니다. 어쩌면 제가 선생님께 22년 전에 배운 것은 영어가 아니라 인생을 사는 방법이었는지도 모르겠습니다.

선생님의 가르침에 깊이 감사드립니다. 늘 건강하시기를 기원합니다.

이 글을 쓰고 난 후, 그 시절 제가 어떻게 한민근 선생님을 만나게 되었는가를 생각해봤습니다. 그 시작은 대학 3학년 1학기 때이던 1991년입니다. 학교 화장실에 서서 일을 보다 눈높이에 붙어 있는 '야학 교사 모집' 안내문을 봤습니다. '오뚜기 일요학교'라는 야학이었어요. 밤에 열리는 것이 아니라 일요일에만 열리는 학교였습니다. 안내문을 본 순간 몸이 부르르 떨리더군요. 새로운 인연을 예감한 전율이었을까요? 당시 저는 영어 과외로 짭짤한 수입을 올리고 있었습니다. 돈 한 푼 안 들이고 배운 영어로 많은 돈을 벌었으니 일주일에 하루 정도는 무료로 가르쳐도 좋겠다, 보람 있겠다 하는 생각에 지원했어요.

가보니, 영어 교사는 이미 만원이더군요. 대학생 봉사자들이 많이 몰려왔는데, 그중에 사범대 영어교육학과 학생이 많았습니다.

독학으로 영어를 공부한 공대생 주제에 감히 영어를 가르치겠다고 나서기가 민망하더군요. 그땐 요즘처럼 뻔뻔하지 않았거든요. 그런데 담당자가 이공계 학생은 드물다고 반기며 과학 수업을 부탁하는 거예요. 그래서 야학 생물 교사가 되었습니다.

학생은 청계천이나 동대문 평화시장에서 미싱사나 미싱 보조('시다'라고 불리는)로 일하는 10대 여공들이 대부분이었습니다. 1990년대 초반, 형편이 어려운 집의 맏딸은 초등학교만 나온 후 바로 공장에 취업해서 동생들 뒷바라지를 하는 경우가 많았지요. 그들은 언젠가 돈을 벌어 대학에 가겠다는 꿈을 가지고 있었어요. 평일에는 야근이 끝나면 숙소에서 검정고시를 준비하고, 일요일에는 야학에 나와 공부했습니다.

청계천 옷 만드는 공장의 좁은 다락방에 갇혀 밤늦게까지 미싱을 타다가 일요일 하루 쉬는 날 야학에 와서 1주일 치 공부를 몰아서 하려니 오죽 피곤하겠어요. 조는 학생을 깨울 방법에 대해 고민을 많이 했는데, 가장 좋은 방법이 웃기는 것이었어요. 그래서 수업을 하면서 5분에 한 번씩은 꼭 웃겼습니다.

공부를 하고 싶다는 간절한 마음으로 야학에 나왔지만 몸이 힘들어 중도 포기하는 학생들이 많았어요. 아무리 좋은 공부라도 재미가 없으면 힘들어요. '무슨 일이든 재미가 있어야 의미도 있다.' 이때의 깨달음은 나중에 예능 PD로 일할 때 큰 도움이 되었습니다. 재미없는 예능 프로그램은 사람들이 보지 않고, 사람들이 보지 않는 프로그램은 의미가 없거든요. '시청자에게 즐거움을 주는 것이 예능 PD가 공익에 복무하는 방식이다'라고 믿습니다.

영어 공부에 대한 책을 쓰면서도 마찬가지입니다. 아무리 좋은 공부법이라도 재미가 없으면 따라 하는 사람이 적을 테고, 그러면 그 좋은 공부법도 의미가 퇴색합니다. 어떤 일이든 재미가 있어야 지속할 수 있고, 그래야 더 많은 사람에게 의미가 있습니다.

야학 시절을 생각하면, '소보로 빵'이 기억납니다. 종로서적 옆에 고려당이라는 큰 빵집이 있었는데, 야학 학생들 먹으라고 매주 소보로 빵을 몇 상자씩 주셨어요. 일요일 오전에 고려당에 가서 빵 상자를 받아 오는 것이 신입 남자 교사들의 일이었습니다. 지금도 곰보빵을 보면 그때가 생각납니다. 감사합니다, 고려당 사장님!

야학은 어디나 장소 구하기 힘들어 고생이지요. 오뚜기 일요학교는 종로 외국어학원 원장님이 배려해주셔서 일요일 하루 학원이 쉬는 날 학원 건물을 교실로 썼습니다. 종로 외국어학원에서는 자원봉사 교사들에게 어학 수업 할인 혜택까지 주셨습니다. 감사합니다, 종로 외국어학원 원장님!

오뚜기에는 학생으로 시작했다가 교사가 된 사람도 있습니다. 박상규 선생님이 대표적이지요. 집안 형편이 어려워 공장 노동자로 일하며 중졸·고졸 검정고시를 오뚜기에서 공부해 통과했어요. 대학 입시까지 합격했는데, 등록금이 없어 당시 대학생 교사들이 아르바이트한 돈을 모아 학교에 다니게 해주었지요. 학생 출신 교사인 그는 오뚜기의 든든한 버팀목인데, 그가 한양대에 다녔습니다. 그분이 공대 화장실에 붙인 안내문을 보고 제가 오뚜기로 가게 된 것이고요. 화장실에서 안내문을 보고 왔다니까 그러더군요. "남자들이 서서 일 볼 때, 딱 그 눈높이에 맞춰서 붙였거든. 읽기 쉽게. 잘했지?" 그 덕분에 오뚜기를 만나고 대학 시절 즐거운 추억을 얻었습니다. 감사합니다, 박상규 선생님!

종로어학원은 일요일엔 쉬었지만, 쉬는 날에도 나와서 무료 공개 특강을 하는 억척 강사가 한 분 계셨습니다. 학생들에게 영어를 가르치는 게 너무 재미있다며, 이 재미난 걸 어떻게 쉬냐며 일요일에도 새벽부터 나오셨어요. 그분의 인기가 대단하여 아예 학원 꼭대기 층 강의실 하나를 그분 전용 강의실로 만들었습니다. 일요일에 돈 한 푼 안 받고 특강을 하는 그분을 보며, 정말 하고 싶은 일이라면 돈을 안 받고도 할 수 있다는 걸 그때 배웠어요. 나중에 자신의 이름으로 학원도 냈는데 그분이 바로 이익훈 선생님입니다. 감사합니다, 이익훈 선생님!

대학 졸업하고, 한국 3M에 취업했습니다. 헬스케어 부문에 발령받아 치과 의사들에게 제품을 판매하는 일을 했습니다. 대부분 영업사원이 그렇지만, 치과 영업은 특이한 직업이에요. 모두가 울상을 지으며 들어가는 곳에 혼자 활짝 웃는 얼굴로 들어가니까요.

우리 사회에서 잘나가는 의사들을 상대로 영업을 뛰다 보면, 마음에 상처를 입을 때가 있습니다. 상처받은 자존심은 어떻게 치유해야 할까요? 평소 본인이 가장 잘하는 것을 하면 됩니다. 저에게 그것은 영어였어요. 때마침 회사에서 영어 학원 수강을 하면 교육비를 지원해줬습니다. 종로 외국어학원이 생각났어요. 야학 교사들에게 할인 혜택을 주던 종로 외국어학원!

학원에 가서 커리큘럼을 보며 상담 직원에게 물었지요.

"영어 수업 중에 가장 고급반이 뭐죠?"

"우리 학원에서 영어 최고급 과정은 통역대학원 입시반입니다."

당시 통역대학원 입시반 선생님이 한민근 선생님이었습니다. 선생님은 제게 새로운 인생을 선택할 용기를 불어넣어 주셨지요. 감사합니다, 한민근 선생님!

한민근 선생님에 대한 글을 쓰다 선생님과의 인연이 대학 화장실에서 시작된 걸 깨달았습니다. 대학 신입생 때, 짝사랑하던 여자애에게 잘 보이려고 영어 공부를 시작했고, 영어를 남에게 가르쳐주려고 야학을 하게 되었고, 영어 덕에 외국계 기업에 취업을 했고, 통역대학원을 나온 후 MBC PD까지 되었습니다.

돌이켜보면, 인생에서 그냥 일어나는 일은 없어요. 어떤 식으로든 삶은 다 연결됩니다. 소중한 인연으로, 소중한 경험으로. 삶은 결국, 하루하루가 다 선물입니다.

영어책 한 권 외워봤니?

초판 1쇄 발행 2017년 1월 11일 **초판 65쇄 발행** 2024년 8월 21일

지은이 김민식
펴낸이 최순영

출판2 본부장 박태근
W&G 팀장 류혜정
기획 고래방 최지은

펴낸곳 ㈜위즈덤하우스 **출판등록** 2000년 5월 23일 제13-1071호
주소 서울특별시 마포구 양화로 19 합정오피스빌딩 17층
전화 02) 2179-5600 **홈페이지** www.wisdomhouse.co.kr

ISBN 978-89-6086-313-2 03320